マンガで学ぶ

はじめてのコインランドリー投資

三原 淳／著
株式会社mammaciao 代表取締役
夏 緑／マンガ原作
たなかしえ／作画

GENTOSHA

はじめに

なぜ、コインランドリー・ビジネスなのか

この本は、最小のリスクで、安定した収入が得られる副業を探している方に向けて書かれています。30代から50代のサラリーマン向けに書かれてはいますが、定年退職した方やシングルマザーの方であってもお役に立てると思います。お勧めする副業は「コインランドリー・ビジネス」です。

私がこのビジネスをお勧めする理由は、次の6つです。

① コインランドリーは成長産業。毎年5%ずつ店舗数が増え、利用率はまだ全家庭の4%。
　つまり、潜在顧客が96%もいる。

②投資や経営が全く未経験なサラリーマンでも、今すぐ始められる。特別な技術や知識を習得する必要がない。営業の必要もなく、労務管理や求人の苦労もない。

③初期投資以外にほとんどコストがかからない。初期投資には低利の融資が受けられる。

④立地条件さえ間違えなければ、失敗のリスクがほとんどない。コンビニと比べると廃業率は十分の一。機械も最低20～30年は使用できる。

⑤商売のコツはすべてフランチャイズが教えてくれる。

⑥本業に全く支障がなく、副収入が得られる。独立起業などよりはるかに負担が少ない。

それでは、コインランドリー・ビジネスとはどういうものかをご紹介いたしましょう。

目次

カバーデザイン　永井貴（トレンド・プロ）
制作　トレンド・プロ
DTP　邊見洋子

第1話

ビジネスチャンス！コインランドリーが成長期

千条中学
期待の1年荒熊《あらくま》君
鮮やかなキャッチ!!
ゴフッ
ドッ
秀太《しゅうた》!
ゲホ
ゲホ
ゲホ
ゲホ
どうしたっ!?
タイム
ターイム!
ヒューッ
ヒューッ
ヒューッ
ラクーンこどもクリニック
気管支喘息《ぜんそく》!?

血液検査の結果 ダニとハウスダストに アレルギーが ありました
それが喘息の 原因です
スポーツマンで 健康なのに!?
アレルギーは 免疫の暴走なので 若くて元気なほうが 症状が重いんです
家の掃除を してください お母さん
原因を 取り除くのが 第一ですって…
私がパートの 掛け持ちで ろくに掃除が できなかったから…
私のせいで 秀太が…
ガァァァァァ
君だけの せいじゃない 僕だって 残業残業だ
でも このご時世 不況が長引いて増税だ、 マイナス金利だって
子供の将来にも 僕らの老後にも どれくらいお金が かかるかわからない…

働けるうちに必死に稼ぐしかないか…
そうね仕方ないわよね…
そろそろ羽毛布団を部屋に戻すよ
あなた待って！
布団はダニの温床なんですって
せっかく掃除したのに布団をそのまま戻すなんて心配だわ
うーんでも
洗濯機には入らないだろ？
ギクッ
うちのマンションベランダでの布団干し禁止じゃない
あっそうだ！風呂で洗えばいいんだ!!
ニヤ
洗っても乾かせないのか…
ガックリ…
諦めるしかないわね…

数日後――
♫SJ音楽教室
荒熊さんいい音ね!
その調子!
ハイッ
♫SJ音楽教
花音《かのん》ちゃんのお兄ちゃん大変だったんですって?
ハウスダストだったの…
掃除したけど布団に入ると咳き込むから
花音と秀太
夜は義母の家で寝かせてるわ
ウチの子もハウスダストで大変だったけど
布団の丸洗い効果あるわよぉ
でもウチのマンション布団干せなくて…
何言ってんのコインランドリーがあるじゃない
コインランドリー?

コインランドリーか
独身時代に使ったきりだな
他のママも頻繁に利用してるんですって
家に洗濯機があるのによ？
へぇ…
主婦があんな所使うイメージないんだが…
よくわからないけど取りあえず布団持って行ってみようか
そうよね子供たちのためになるなら…
キョロ
近所にけっこうコインランドリー増えてたんだな
コインランドリー
近日開店の店まであるぞ
24H
近日
ママ友に教えてもらったのはココよ
羽毛布団を洗って乾燥できる大きな洗濯機があるんだって

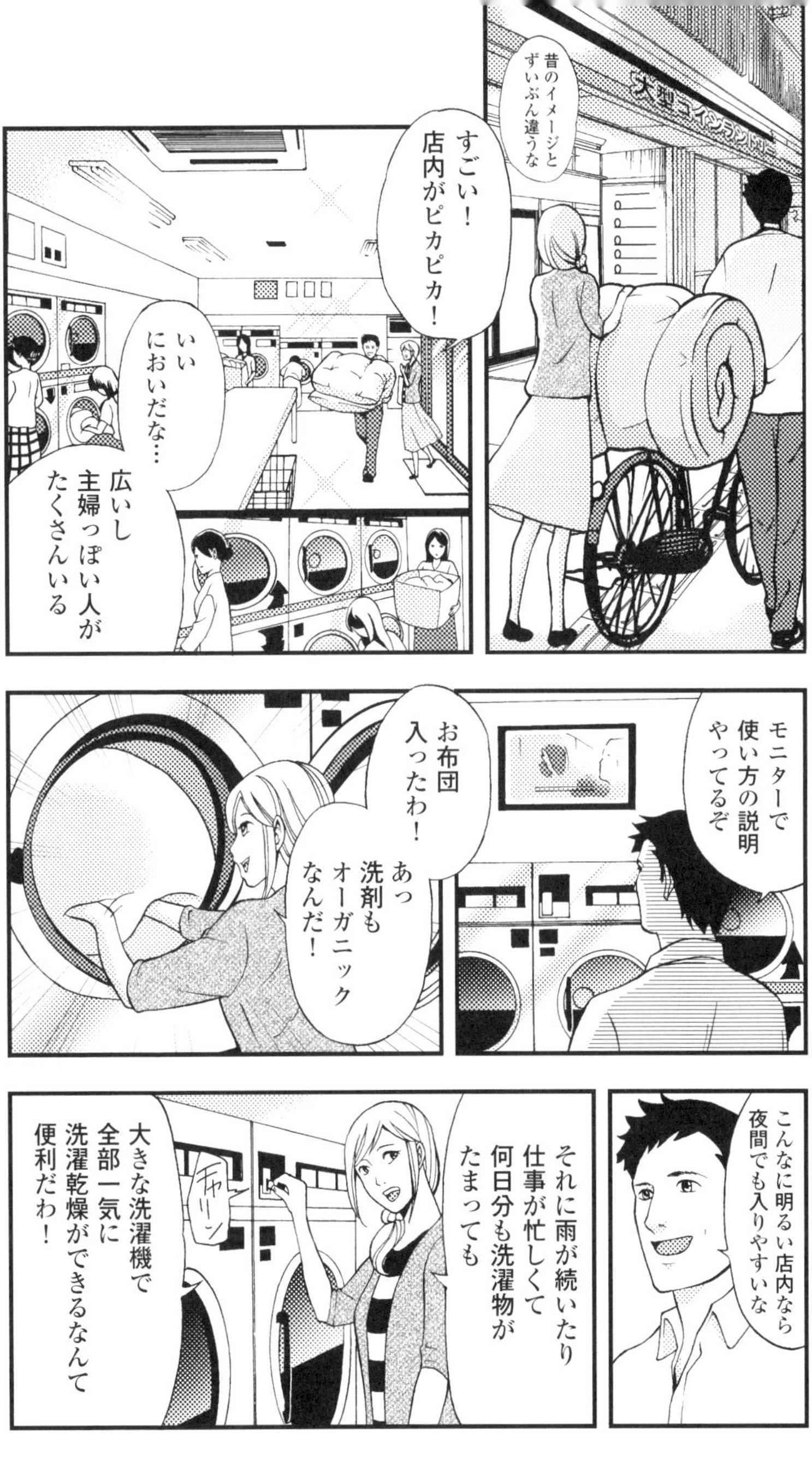
大型コインランドリー
昔のイメージと ずいぶん違うな
すごい！ 店内がピカピカ！
いい においだな…
広いし 主婦っぽい人が たくさんいる
モニターで 使い方の説明 やってるぞ
お布団 入ったわ！
あっ 洗剤も オーガニック なんだ！
こんなに明るい店内なら 夜間でも入りやすいな
それに雨が続いたり 仕事が忙しくて 何日分も洗濯物が たまっても
チャリーン
大きな洗濯機で 全部一気に 洗濯乾燥ができるなんて 便利だわ！

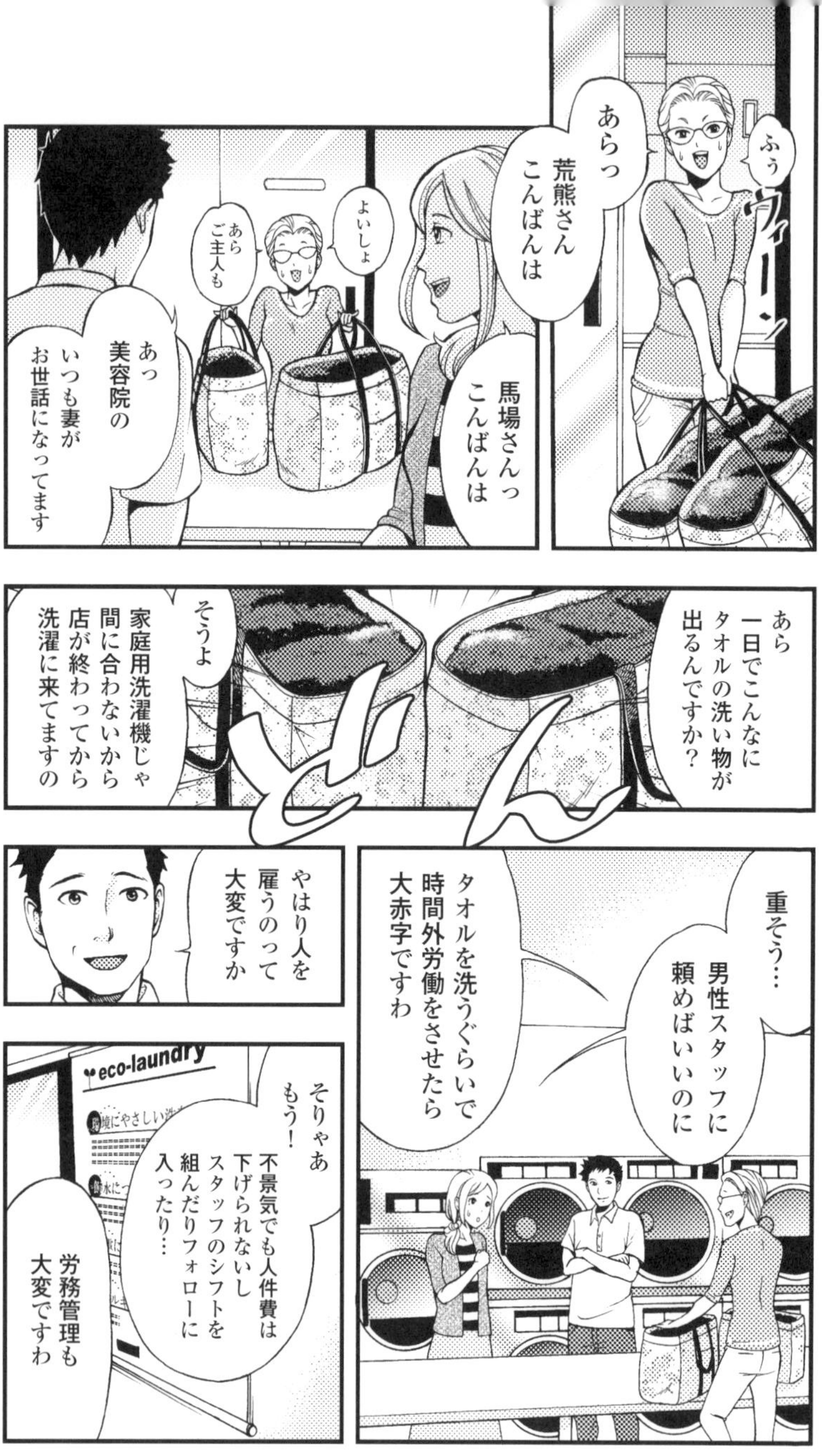

ふぅ
あらっ 荒熊さん こんばんは
馬場さんっ こんばんは
よいしょ
あら ご主人も
あっ 美容院の いつも妻が お世話になってます
あら 一日でこんなに タオルの洗い物が 出るんですか?
どん
そうよ
家庭用洗濯機じゃ 間に合わないから 店が終わってから 洗濯に来てますの
重そう…
男性スタッフに 頼めばいいのに
タオルを洗うぐらいで 時間外労働をさせたら 大赤字ですわ
やはり人を 雇うのって 大変ですか
そりゃあ もう!
不景気でも人件費は 下げられないし スタッフのシフトを 組んだりフォローに 入ったり…
労務管理も 大変ですわ
eco-laundry

その点
無人コインランドリーは
いいですわねぇ
ゴウンゴウンゴウン
人がいなくても
機械が勝手に
お金を稼いでくれるし
オーナーは
日に一度
掃除と集金をしに
来るだけで
いいんですもの
なるほど
定時でなくても
いいから時間の都合も
つきやすいですね
専門技術を
必要としないから
自分が都合の悪い日は
適当な人に代わって
もらえるし…
業績の推移
それに清潔意識の
高まりでどんどん
お客が増えて
今まさに
成長期の
業種でしょう?
はぁ～
私もお店を持つなら
コインランドリーに
すれば良かったかしら
えっ!
それじゃ私の強烈クセっ毛
扱える人がいなくなっちゃう!
冗談
ですわよ!
あははははは
やだ～
ビックリ
した～
と
この時はまだ
荒熊夫妻にとっても
冗談のような話だったのですが…

1-1

コインランドリー店舗数の推移

コインランドリーというと、洗濯機や乾燥機のない学生や単身者が使うイメージを、多くの人がもっています。また、古臭い洗濯機や乾燥機が数台並び、室内は暗くて床は汚れている、そんな印象があるのではないでしょうか。確かに従来型のコインランドリーはそうでした。しかし、そういう従来型の店舗は次々と潰れています。

私が推奨するのは、広くて明るく、大型の洗濯機や乾燥機が並び、いつも清潔で主婦が使うコインランドリーです。左のグラフをご覧ください。これは厚生労働省が公表しているコインランドリー店舗数の推移です。実は、ここ10年、コインランドリーは毎年300から500店舗増え続けているのです。従来型のコインランドリーが次々と閉店しているのですから、新しいタイプのコインランドリーの増加率は、グラフ以上になるはずです。

20年前には1万店もなかった店舗が、2015年には1万7500店にもなっているのです。これだけ増えていても、欧米と比べると、人口比でまだ四分の一程度なのです。ということは、この数が4倍になる余地が、まだまだあるということです。

では、なぜコインランドリーの利用者が増えているのでしょうか。確かに以前、コインラン

コインランドリー店舗数の推移

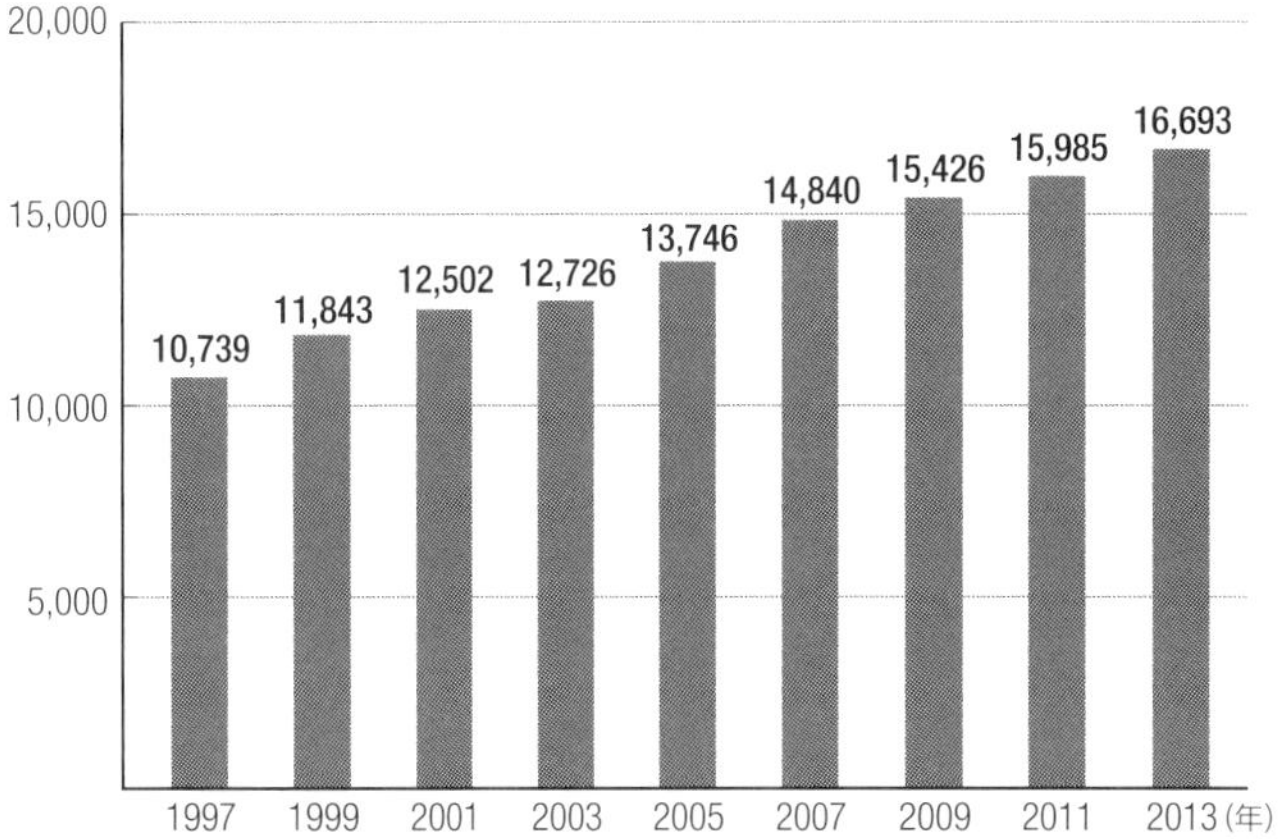

出典：厚生労働省「コインオペレーションクリーニング営業施設に関する調査（施設数）」

ドリーの利用者は、学生や単身者が7割以上でした。彼らは洗濯機を持っていなかったので、コインランドリーを使うか、クリーニングに出すかしかなかったのです。しかし、小型で安い洗濯機が普及すると、従来型のコインランドリーは使われなくなりました。

　学生や単身者に代わってコインランドリーの利用者となったのが、主婦でした。現在では利用者の8割近くが主婦なのです。洗濯機の普及率は、ほぼ１００％で、２０１５年の総務省統計局の「消費実態調査」によれば、乾燥機付き洗濯機の保有率は全国平均で34・6％です。利用者は、洗濯機も乾燥機も持っているのです。それなのに、なぜ主婦はコインランドリーを使うのでしょうか。

1-2

コインランドリー利用者は働く主婦

主婦たちがコインランドリーを利用せざるを得ない理由には、彼女たちが置かれている状況があります。それは、一家の大黒柱であるダンナさんの収入の減少です。

２０１４年の国税庁の統計によれば、サラリーマンの給与所得は、14～15年前に比べて50万円も減っているのです。

その収入減を補うために、パートやフルタイムで働きに出る女性が増えてきました。２０１５年の統計では、夫婦共働き世帯が１１１４万世帯、専業主婦世帯が６８７万世帯で、共働きの世帯はますます増え続けています。その結果、今の主婦は昔に比べ、家にいられる時間が少なくなり、忙しくなりました。

特に平日の昼間の時間は、主婦はパートに出て働いているので、洗濯ができません。そうです。主婦によるコインランドリー利用が増えた最大の原因は、平日の昼間に、晴れているからといって洗濯ができる時間的余裕がなくなったためです。洗濯できるのは、せいぜい週末の土日程度です。その結果、一週間分の洗濯物が溜まっていても、週末に晴れて、洗濯日和の天候になるとは限らないという状況に追い込まれているのです。

サラリーマン平均年収の推移

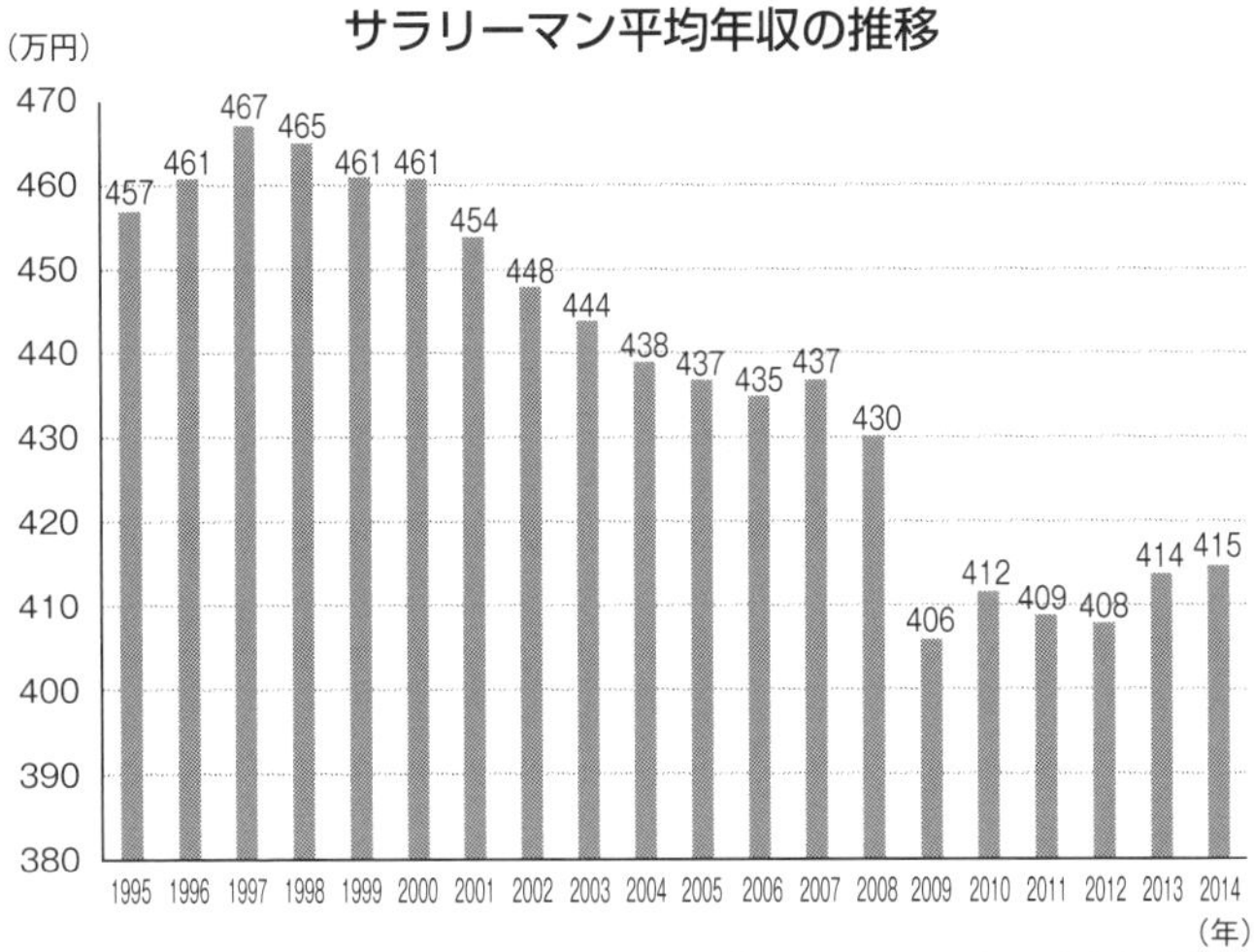

出典：国税庁「平成26年　民間給与実態統計調査結果」

専業主婦で、４人家族の場合、洗濯は毎日２回、シーツなどの大物があるときは３回というのが普通です。その量を一週間、溜め込んでしまったら、大切な週末はほとんど洗濯で終わってしまいます。

そんな主婦を救ったのがコインランドリーだったのです。コインランドリーなら、洗濯機に一度に洗濯物を放り込み、一回乾燥機に移すだけで洗濯は終了します。干す必要も取り込む必要も、雨の心配をする必要もないのです。

コインランドリーの便利さをご存知ない方は、一度試してみてください。主婦たちがとりこになる理由がおわかりになるはずです。

1-3

主婦がわざわざコインランドリーを使う理由

主婦が家庭用の洗濯機ではなく、わざわざコインランドリーを使うもう一つの理由は、家庭用と業務用の洗濯機や乾燥機には大きな能力差があることをよく知っているからです。家庭用洗濯機では、一度に洗濯可能な容量は最大でも約9キロです。それ以上の容量になると、脱水時に遠心力で洗濯機が踊り出してしまうのです。

家庭用の洗濯乾燥一体型の機械は20万円もしますが、それでも洗濯容量は9キロ、乾燥容量は4キロ程度が一般的です。一度に4キロしか乾かせないとなると、何度も回さなくてはならないので、実用的ではありません。多くの家庭では、20万円もする高価な一体型の機械を買っても、だんだん洗濯機としてしか使わなくなるのです。

一度に洗い、乾かせる量が圧倒的に違う。これがコインランドリーに設置された洗濯機や乾燥機の最大の特長です。家庭用洗濯機の主流は5～6キロですから、せっかくの休日に何回も洗濯機を回すことになります。

週イチでしか洗濯できないとすると、4人家族なら、最低でも4～5回は洗濯機を回さなければなりません。一回の洗濯時間は約45分ですから、洗濯物を出し入れしたり、干したりして

コインランドリーの店内

いるうちに、せっかくの休日の時間が4～5時間も失われる計算になります。

では、なぜ、家庭用洗濯機の容量をコインランドリー並みに増やせないのでしょうか？

コインランドリーで使われている洗濯機は、アンカーという金属棒で地面に固定されています。一般的には一台の洗濯機に対して直径16㎜のアンカーを6本、地中に20㎝ほど埋め込んでいるのです。こうしてガッシリと固定しているため、大容量でも振動で動くことなく、最大で36キロまでの洗濯物の遠心力に耐えられるのです。これは4人家族の一週間分の洗濯物を一度に洗濯できる容量です。このような設備は家庭用では不可能ですから、今後、業務用並みの容量の家庭用洗濯機が開発されることはあり得ないのです。

1-4

業務用乾燥機の優位性

コインランドリーの最大の優位性は、乾燥機にあるといっても過言ではありません。家庭用の乾燥機も普及してきていますが、一度に乾燥できる容量はせいぜい4キロが限界で、時間もかかります。そして乾燥できても、ただ衣類から水分がなくなったという程度で、しわくちゃになってしまいます。これは、家庭用乾燥機の熱源が、ヘアドライヤーなどと同じ電気のため、温度がそれほど上がらないからです。さらに風力も弱く、排気ダクトも不十分ですから、湿った空気が乾燥槽の中を回っているだけになり時間がかかるのです。

一方、コインランドリーの乾燥機の熱源はガスです。ガスコンロと同じように、一列に炎が出る30㎝くらいの筒が2～3本、乾燥ドラムの上に並んで高熱を発生させています。さらにその乾燥ドラムの下には、巨大なファンが付いた扇風機があり、熱風を送って一気に洗濯物を乾燥させます。もちろん、熱風で奪った湿気はダクトを使って強制排気します。

さらに家庭用とは大きく違い、ふわっとした仕上がりになります。なぜそうなるか、タオルを例にして説明してみます。タオルは、乾燥機内の温風でふわりと舞い上がり、そのあとドラムにへばり付かず、下に落ちます。そのように半分回っては、下に落ちることを繰り返すの

で、ループ状になったタオルの毛が起き上がり、ふわっとした仕上がりになるのです。タオルケットや毛布、羽毛布団などがふわっとなるのも同じ原理です。この仕上がり感は、天日干しでもかないません。

そして家庭用では絶対にできない芸当が、布団などの大物の丸洗いです。厚生労働省の調査によれば、都市部に住む4歳以下の子どもの51・5％がアレルギーを持っています。その主な原因の一つが、布団や毛布に付着しているダニやハウスダストなのです。コインランドリーの熱風と乾燥がダニを死滅させ、ハウスダストを取り除きます。健康意識の高い主婦は、このことを熟知して、寝具の丸洗いにもコインランドリーを活用しているのです。

コインランドリー・ビジネスが発展している理由

コインランドリーは毎年５％ほど店舗数を増やし続けている
右肩上がりの成長産業。

↓

学生や単身者が利用していた従来型から
主婦が使う新しい型へと進化した。

↓

主婦が利用するのは、夫の収入減で働くようになったから。

↓

忙しい主婦は週末ぐらいしか洗濯できない。

↓

しかし、家庭用の洗濯機や乾燥機では容量が小さく、洗濯は一日仕事になる。
さらに、いつも晴れるとは限らない。

↓

コインランドリーの業務用洗濯機と乾燥機は
一週間分の洗濯物を一度に洗い乾かせる。

↓

さらに乾燥機は、家庭用乾燥機や天日干しではできない
ふんわり仕上げになる。

↓

また、布団の丸洗いができるので、ダニやハウスダスト除去に最適。

↓

**そのため、主婦の間で
コインランドリーが欠かせなくなっている。**

第2話

目指せ月収100万円！
リスクを抑えた手軽な副業

閉店
の
お知らせ
ラーメン
つ 潰れてる…
気に入ってたのに…
出遅れると どの店も満員だなあ
コンビニに 弁当が残ってて 良かった
あの店主 脱サラして ラーメン店経営を 始めたって 言ってたっけ
それで 失敗したなんて 気の毒だよなあ
何が駄目 だったんだろう…

まあラーメン店ってのは生き残りが厳しい業種らしいからなあ
開店して1年以内に4割3年以内に7割が閉店するというぜ
そんなに厳しいのか!?
技術面と資金面で簡単に開店できる分
市場調査が不十分なまま出店して失敗率が高いんじゃないかな
ふぅ～む
やっぱり僕みたいな凡人には脱サラはリスクが高いってことか
何だ、荒熊君脱サラするつもりだったのかい
だってこの不況で会社づとめも安泰とは言えないだろ
リストラに減俸倒産したらキャリアを活かせる再就職先なんてまずない
求人の大半は非正規雇用だし……
子供の将来や老後を考えると不安だよ……

でも当座のお金が必要だからって合わないところに再就職して結局離職…
再就職先を転々としてどんどん歳をとって…恐ろしいよな
…だから仕事があって体も元気なうちに
少しでもお金を稼ごうと思って残業残業でがむしゃらに働いて…
その結果子育てが行き届かなくなって息子がアレルギーを起こしたんだ
ヒュー
ヒュー
子供たちの試合や発表会にもなかなか行ってやれなくてな…
僕もそうさ
休みの日に遊んでもやれない。子供のために働いてるはずなのに矛盾だよなあ
でもあんなにおいしいラーメン屋でも潰れたんだから僕には一生脱サラなんて無理だよな
……………
うーん
?

『卵は一つのカゴに盛るな』
え？
株の世界の格言だよ リスクを分散しろって ことさ
なるほど!!
収入にも 同じことが言える。 万が一 会社が倒産になれば 収入がゼロになる
でも副業があれば 収入が減る だけですむ
わずかでも 収入があるんだから 余力があるだろ？ 再就職を焦る 必要がない
自分を安売りせず 条件の合ったところを ゆっくり選べれば 本業のサラリーマンの ほうも腰を据えて 取り組めるってわけ
二足の わらじって やつか！
芸人やりながら 作家とか
でも… そういうのには才能が 要るじゃないか… 僕みたいな平凡な サラリーマンでは…
何をおっしゃる！ サラリーマンという 立派な才能と資格が あるじゃないか！
ヤッ

サ…サラリーマンの
才能？ 資格⁉
副業するのに
こんなに強い資格
は無い
仮に君が脱サラをして
専業の自営として
起業するとしよう
ボクは社長だ!!
まずは
クレジット
カードを
作るぞう!!
バ
無職じゃ何だから
自分の会社名…
だよな…
「ホニャララ
ベンチャー
代表取締役社長」
にするぞ!!
社長ですか…
はい！
数日後——
御見送り
審査に通らない！ なぜだーー！

元の会社の、肩書も無い平社員のほうがずっと信用があるってことか…
起業に有利な条件の一つが定期収入があること
つまり本業を持って給与所得のあるサラリーマンってことだよ
固定収入があれば取引先や銀行も融資してくれる
副業ってのは日常生活に支障のない固定収入があった上でのプラスアルファでなくちゃならないんだよ
でも二股かける奴なんて信用されなさそうだけど
逆!逆!
自分の生活もままならない経済状況の人間に融資したらせっかくの投資が生活費で溶かされてリターンが見込めないじゃないか
金融機関がそんなリスキーな相手に融資するわけないってこと?
そうさ、今の時代高度経済成長期みたいなバクチで勝てるわけがない
副業ってのはリスク分散のためのものだから、リスキーなバクチを打つなんて本末転倒さ

そっかぁ…
そんなバクチで起業したら それに全力を向けなきゃ ならないから… たとえ固定収入があっても そっちにつぎ込まれて 返済の目途が立たないね
だから副業はあくまでも 余力で回せる ささやかで堅実なものにして おくのが成功の秘訣さ
楽で堅実な 副業ってことか… 何があるだろう
副業の花形といえば 不動産投資だけど…
今は昔さ 今の若者は 甘やかされて 新築物件でなきゃ 入らない…
総住宅数、空家数及び
総住宅数
空家数
空家率
2003 2008 2013
借りてくれる 中高齢者は 少子高齢化で 孤独死のリスク… 空き家率も増えて 見た目ほどは儲かって ないみたいだよ
…そうか
―あっ

コインランドリーってどうだろう!?
この不況なのに増えてるみたいだけど
そういえば叔父さんがやってたなあ…いい時で月収100万いくとか言ってた
副業で!?
そう本業は青果店
それで両立できるのか!?
ああ…天候や景気に左右される仕事なんでリスク分散らしいよ
コインランドリーの場合景気の悪いときほどレンタルが流行るし…天気が悪いほど洗濯物はたまるだろ?湿った布団はフカフカにしたくなるじゃないか
普通の商売の真逆だからリスク分散にはぴったりなんだろうな
コインランドリーが増えてるのには理由があったってわけか…
ガーン

2-1 リスクの大きい投資・副業とは?

今、サラリーマンの副業として注目されているアパート・マンション経営は、住宅ローンで分譲マンションを購入し、自分はアパートなどで暮らしながら、所有物件を人に貸して家賃収入を得るという方法です。成功すれば、一軒、一軒と分譲マンションを買い足していくのです。また、親から受け継いだ不動産を所有している人たちは、アパートやマンションを建てる資金を借金することで、相続税対策を兼ねることもできるのです。

しかし、今や、相続税対策を兼ねて建てたアパートは空室だらけになり、住宅ローンを組んで買った分譲マンションも空室が目立つありさまです。都心の一等地を除けば、空き家率や空室数が増え続けているのです。左のグラフを見てください。2013年の全国平均の空き家率は13・5%と、年々増加しているのです。野村総研では、2023年には21・0%になるという試算もしています。

このような現象が起こる原因は、若い世代が、多少家賃が高くても、新築物件を望むようになったからです。学生でさえ、更新時期には、より新しい物件に引っ越しすることが増えました。学生向けに新築アパートを建てたとしても、借り手が埋まるのは築後3〜4年まで

総住宅数、空き家数及び空き家率の推移

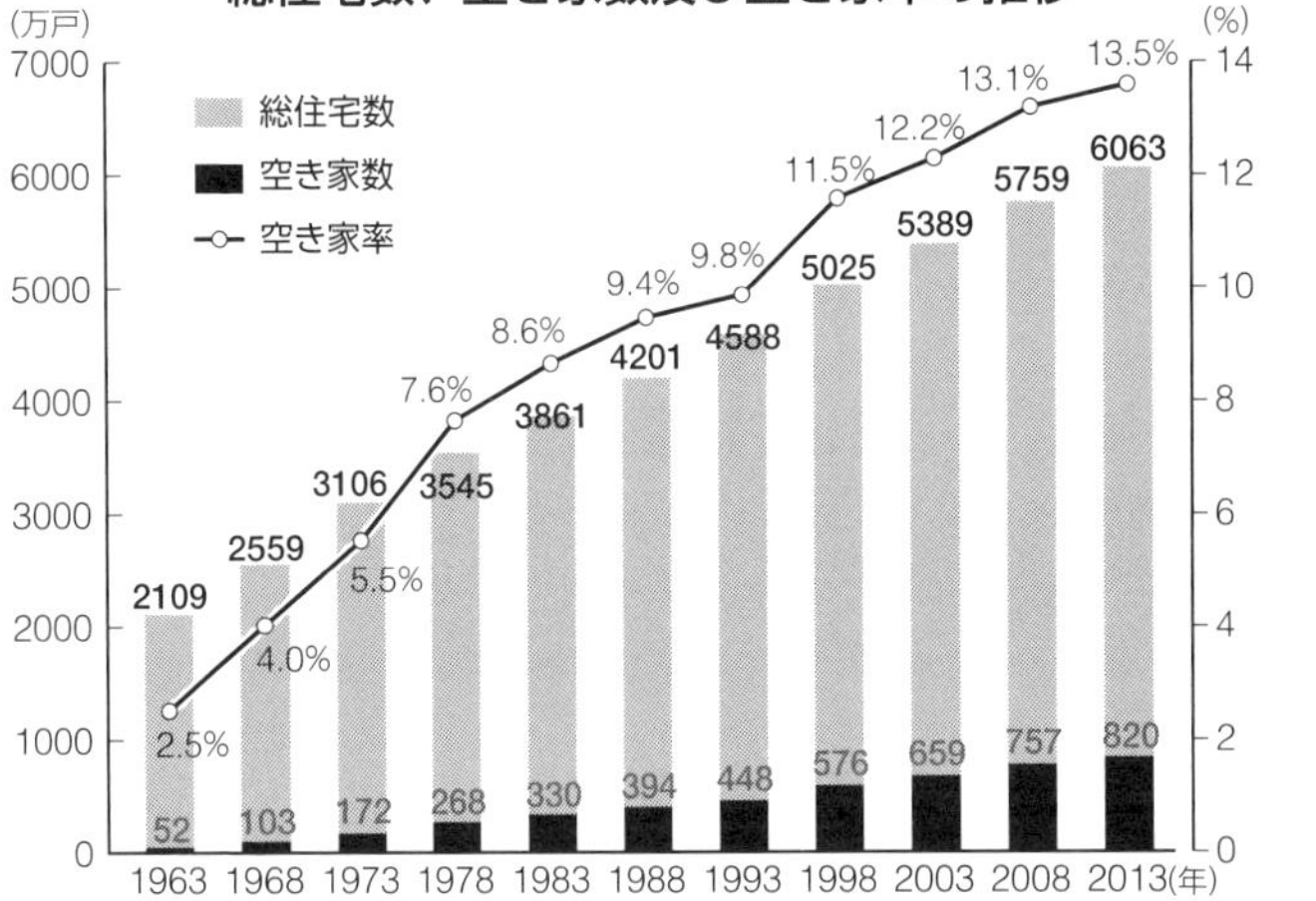

出典：総務省統計局「平成25年住宅・土地統計調査」

というのが現状です。アパート経営の副業を勧めている不動産業者の中では、新築時には優先的に入居者を入れるようにしても、そのあとは知らんふりという手口も横行しているのです。これでは、儲かるのは新築時だけで、あとは赤字を抱えることになり、とても長期に安定した副業にはなりえないのです。

さらに少子高齢化によるひずみが追い打ちをかけます。ニッセイ基礎研究所によれば、死後2日以上経過して遺体が見つかった65歳以上の高齢者は年間約2万7000人で、これは一日に74人、1時間に3人が孤独死していることになります。「怖くて50歳を過ぎている人には貸せないですよ」というのがオーナーさんの本音です。このように、不動産投資には厳しい時代になっているのです。

2-2

廃業率が低いコインランドリー

コンビニ経営は、フランチャイズ化によって起業は比較的容易です。しかし、コンビニは、だいたい24時間365日営業なので、従業員の雇用と勤務シフトのローテーションに悩み続けることになります。そこで、オーナー一家が自らアルバイトの穴埋めをすることになり、副業とはいえない状態になっていきます。このように人を雇う商売は、労務管理が煩雑で、副業には向かないのです。また、コンビニは、人件費だけでなく、地代や光熱費、本部に支払うロイヤリティなども固定費として多くかかり、経営を圧迫しています。

それに対してコインランドリー経営にはその心配がありません。一日一度、空いた時間に、散歩を兼ねて店へ行き、集金と機械のチェック、そして掃除をすればいいだけで、1時間もかかりません。都合が悪いときは、アルバイトに代わってもらえばいいのです。

コンビニ経営がいかに過酷で、成功するのが難しいかは、廃業率を見ればわかります。「日経MJ」では、出店数を分母、閉店数を分子として閉店率を出しています。それによると、コンビニAの2010年度の出店数は939、閉店数は460で、閉店率は48・9%です。コンビニBは出店数550、閉店数317で57・6%、コンビニCは出店数741、閉店数270で36・4%。

個人事業主の残存率

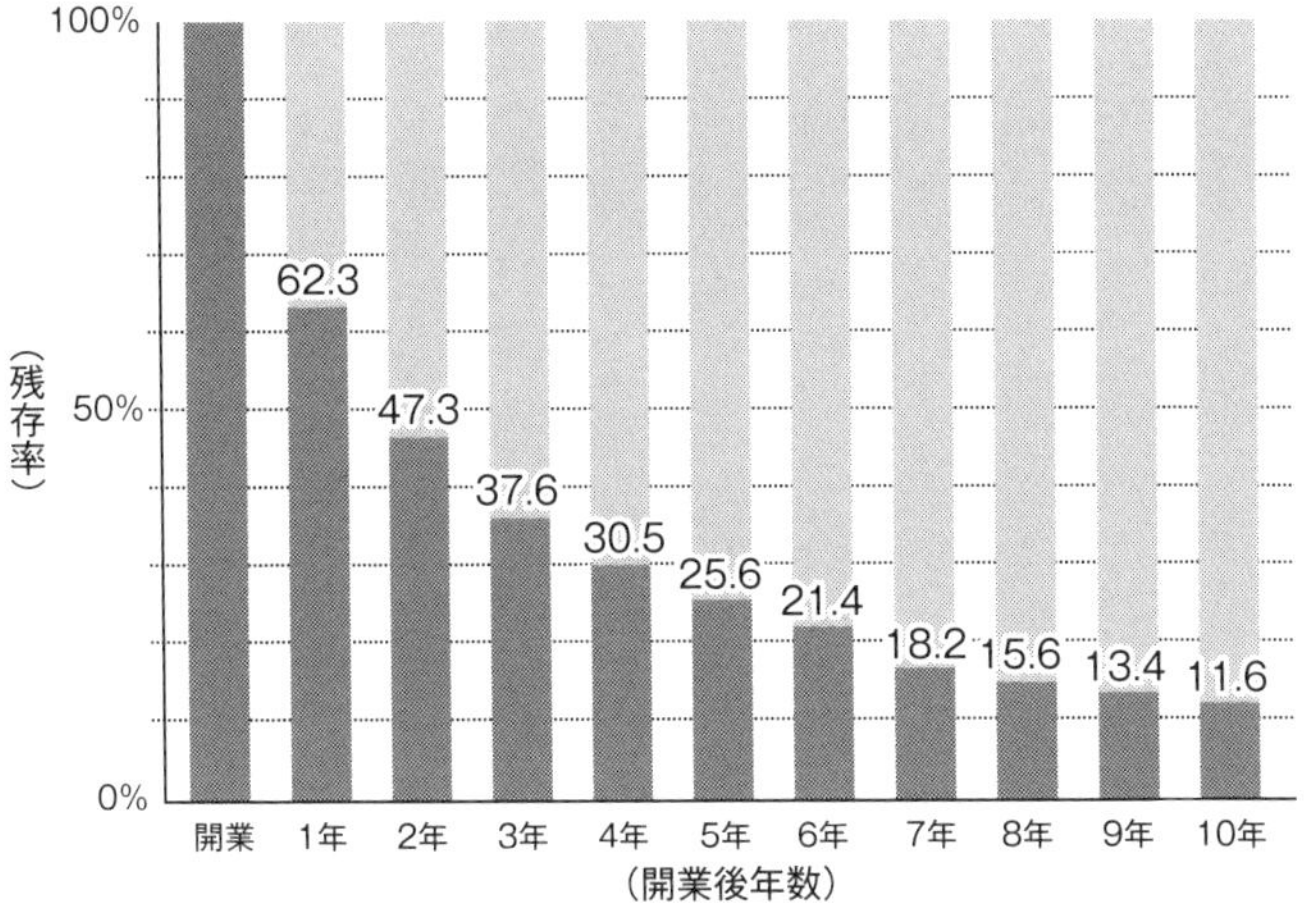

出典：中小企業庁

中には１００%を超えるコンビニもあります。

ところが、コインランドリーの場合、驚くほど廃業率が低いのです。あるフランチャイズでは、出店数が３０９店ですが、閉店数は14店、つまり閉店率はわずか４・５%という数字なのです。この事実からコインランドリーがいかに安定して利益が上がり、労力が少ないかがわかると思います。

では、コインパーキングや自動販売機、コイン洗車など、他のコインビジネスではどうでしょうか。実は、その利益は微々たるもので、せいぜい固定資産税分の一部を穴埋めする程度なのです。だからといって数十か所を運営すれば、見回りやクレーム処理に忙殺され、無人化の利点を生かせなくなるのです。

2-3

廃れる旧型コインランドリーと増える新しいコインランドリー

では、コインランドリーであれば何でもいいかというと、そうではありません。コインランドリーには、学生・単身者向けの従来型と主婦向けの新型があり、従来型は、学生や単身者も洗濯機を持つようになったために需要はなく、また洗濯機や乾燥機が小さいので、主婦にもメリットがないため、利用者にはなりません。ですから、狭いスペースを所有している人の、「コインランドリーでもやってみようか」という発想には賛成できません。

新型のコインランドリーには、いくつかの条件があります。第一に広くて明るく清潔。これは利用者が女性だからです。男性の発想だと、「料金が安ければ客は来る」と思うかもしれませんが、女性は違います。第二に大型の洗濯機と乾燥機があること。これは先にお話ししたとおりです。第三はクルマが停められること。一週間分の洗濯物を運ぶのですから、クルマは必需品です。駐車スペースがなければ、多少遠くても他のコインランドリーへ行ってしまいます。郊外型のコインランドリーには、利用者の約8割がクルマで来店します。

新型のコインランドリーは、地方都市から始まりました。それにはいくつか理由があります。まず、地方都市の方が共働き率が高いことが挙げられます。２０１２年の調査では、共働き率

コインランドリーを選ぶときの決め手

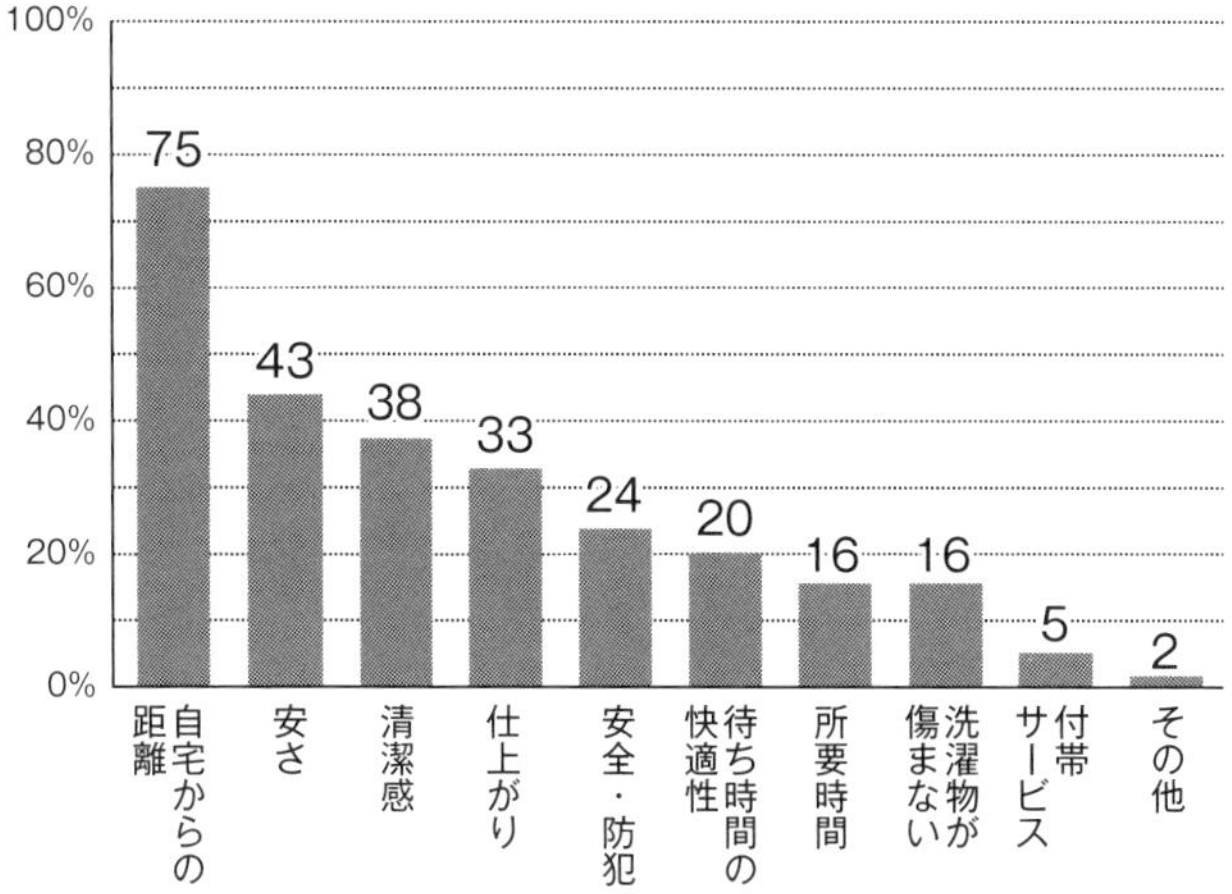

マンマチャオ調べ

第一位は福井県の58・8%で、第二位は山形県の57・4%、第三位は石川県の55・0%でした。ちなみに東京は44・0%、大阪は39・8%になっています。また地方都市では、クルマがないと生活できないので、その所有率が高いことも挙げられるでしょう。さらに地方は生活道路沿いに空き地や空き店舗が多く、1990年代のバブル崩壊直後から、コインランドリーのフランチャイズ展開が急速になされてきました。

その新型コインランドリーが、最近になってようやく都心に進出してきました。都心では、大型スーパーやコンビニなどに押されて、昔ながらのお店が姿を消し、空き店舗や空き地が増えたために、比較的安い賃料で借りられるようになり、徐々に店舗が増えてきたのです。

2-4

クリーニング店の衰退

では、クリーニング取次店を副業にするのはどうなのでしょうか。狭いスペースで開業できますし、初期投資も少なくてすみます。また、業務もタグをつけて工場へ出すだけですから、誰にでもできそうな簡単な作業のようです。確かにその手軽さで、一時期クリーニング取次店はフランチャイズ方式で増えていきました。ところが、形状記憶繊維が登場すると、売り上げが激減するのです。左のグラフを見てください。1997年には5万店近くあった店舗が、2013年には3万2000店余りと、1万7000店も減少しているのです。

以前なら、クリーニング店でパリッと仕上げた糊の利いたワイシャツはサラリーマンの必需品でした。ところが、今ではワイシャツだけでなく、スーツまでも形状記憶繊維でできていて、自分で簡単に洗えるようになっているのです。

さらにクリーニング取次店の粗利率は、2~3割ほどしかありません。常駐の店員が必要なので、副業にする場合、人件費がかかります。家賃と人件費を引くとほとんど残らないというのが現状です。そして業務も実はクレーム対応が多く、労多くして実りの少ない仕事の代表のようにいわれる始末です。コインランドリーと比べて高い料金も利用者の足を遠ざけます。そ

コインランドリー、クリーニング店舗数の推移比較

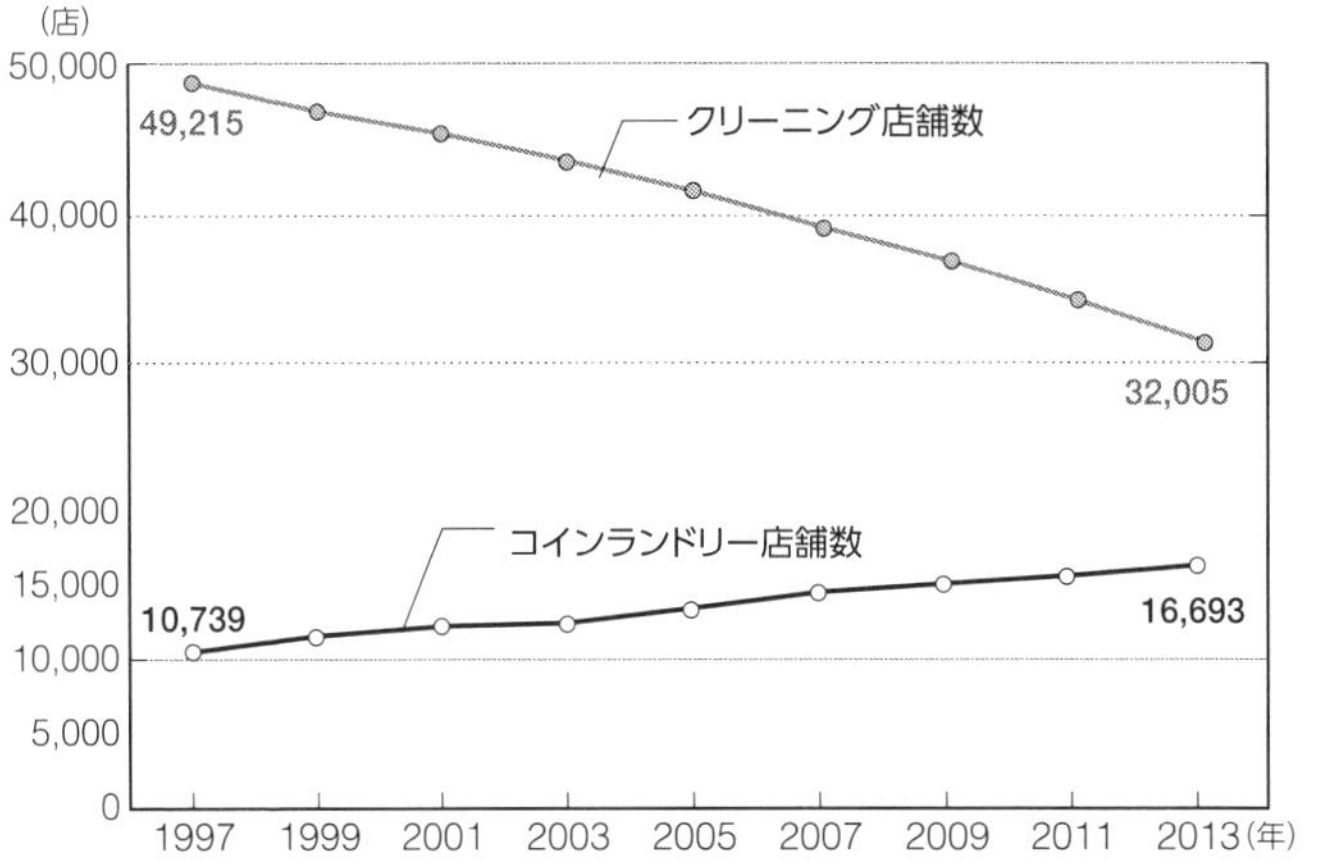

出典：厚生労働省「平成26年度衛生行政報告例の概況」

れに、洗濯物を持っていっても、後日また取りに行かなければなりません。これでは手間はコインランドリーと変わりないのです。

実は、ズボン一本にかかる実質経費は数十円に過ぎません。それなのに末端価格といえるお客さんが払う料金は、安い店でも400円ほどします。この金額の差は、人件費にあります。取次店で受付をする人、工場で機械を回す人、アイロンをかける人、取次店と工場を往復する運転者など、多くの人が必要なのです。その点、コインランドリーは設備産業で、セルフサービスなので人件費がほとんどかかりません。設備した機械が自動的に利益を生み出してくれるシステムなのです。

副業に向くもの、向かないもの

アパート・マンション投資
2013 年の空き家率は13.5%で、年々増加。
住居に対する意識変革で新築以外は埋まらないのが現状。

コンビニ経営
人件費、家賃、ロイヤリティなどの固定費が経営を圧迫。
アルバイトの募集やシフトなど労務管理で心身ともに消耗。
結局、家族総出で働く羽目になる。
廃業率は、５０%にも及ぶ。

従来のコインビジネス
一か所からの収入は微々たるもので、とても副業にならない。
何か所も運営すると今度は見回りやクレーム処理に忙殺される。

クリーニング取次店
年々店舗が減少していく衰退産業。
粗利率２～３割で利益がほとんど出ない。
クレームが多くストレスになる。

コインランドリー
人件費がほとんどかからず、労務管理不要。
廃業率は５%台。
粗利率は７～８割。
年５%、店舗が増加の成長産業。

第3話

不況に強い！
低予算で堅実な老後

兼業主婦・荒熊幸子の一日
ハァ
ハァ
8時
二人の子供を学校に送り出すと最初のパート先へ
9時～11時
飲食店の清掃
昼食を食べる暇もなく移動
12時～17時
スーパーで調理
18時
惣菜を買って帰宅
ただいまー
仮眠
24時 夫・一郎の帰宅を待ってコンビニへ
いらっしゃいませ
翌朝7時
朝食を買って帰宅
こ…これじゃ
秀太がハウスダストアレルギーを起こすはずだわ!

ハァ
仮眠時間を削って
少しでも清潔に
しなくちゃ
ママー
宿題教えて
やれやれ
わかったわ
このままじゃ
だめだわ
パートを
減らせるように
もっと手間の
かからない副業を
探さなくちゃ…
荒熊さん
ごめんなさいねぇ
PTAの
ベルマーク集めに
つき合わせちゃって
4－1

今日も仕事の掛け持ちで忙しいんでしょ？

それなんだけど仕事変えようと思って…

自由のきく自営で私みたいな平凡な主婦がノウハウもなく小資本でできる副業って何がある？

フランチャイズで簡単にお店出せるコンビニは？

私コンビニで働いてるけど…

経費や人件費や本部へのロイヤリティなど支出も大きいしバイトの管理は大変だし…

結局オーナー家族総出で働いて埋め合わせたりして大変そうよ
荒熊さん料理がうまいから飲食店は？

私が厨房に立つんじゃ余計忙しくなるじゃない
料理人を雇ってもお客がたくさん来るような立地の良い店は家賃が高いから人件費が捻出できなくなりそうよね…

行きつけの美容師さんも人を雇うのは大変だって言ってたわ…

……！

あっ

コインランドリーはどうだろう?
美容師さんがコインランドリーは楽だとか何とか言ってたわっ
ああ…いわゆるチャリンチャリンビジネスね
何それ?
自販機みたいにコインを入れて全自動で動く無人ビジネスのこと
地上げ後の空き地にコイン駐車場やコイン洗車場が増えたでしょ
うん…あんなに場所を取ってて100円、200円で儲かってるのか不思議だけど…
あれは固定資産税を少しでも穴埋めできればって感じで作ってるみたい
本気で儲けを出そうとしたら10か所以上経営しないとだめみたいよ
それを全部見回ったり掃除したりお客の対応をしたりって無人ビジネスなのに全然楽じゃないわね!
そのために管理人を雇ったら経費倒れになっちゃうし
難しいなあ

ローリスク
ローリターンなら
やっぱりコイン
ランドリーかなあ
6年生の新井さんの
お母さんが
副業でやってるって
聞いたことあるわ
質問してみたら？
ほら、あの人
あ…あの人
バリキャリ
なんでしょ？
私なんかと
話をして
くれるか…
ほら
行った行った
その
バリキャリでも
兼業できるような
副業を探して
るんでしょ？
あ
あの　コインランドリー
経営について
聞きたいんですけど……
まあ、荒熊さん
話しかけて
くれるなんて
嬉しいわ
あなたがスーパーで
作ってるお惣菜
とてもおいしくて
そのまま並べても
手抜き感が出ないから
大いに助けられてるの
そ
そうですか…

COFFEE
そうね…
一攫千金を求めてるなら残念だけどかなり地味なビジネスよ
儲けは年間数百万ってとこね
普通の商店の1割程度だから本業でやるにはちょっとね
手間はどんな感じですか?
自由な時間にお金の回収と掃除ぐらいね
1店舗だけの経営なら散歩ついでの気軽さよ
いいですねえ!それぐらいなら歳をとっても続けられそう
でももしお客が来なかったら……
そこは経営者の努力でしょ怠けてるだけじゃお金は稼げないわよ
ただコインランドリー利用者はまだ全家庭の4%なの
逆に言えば潜在顧客はその24倍もいるってこと布団の丸洗いや忙しいキャリアママにまとめ洗いの習慣が広まればそれだけの伸びしろがあるってことよ

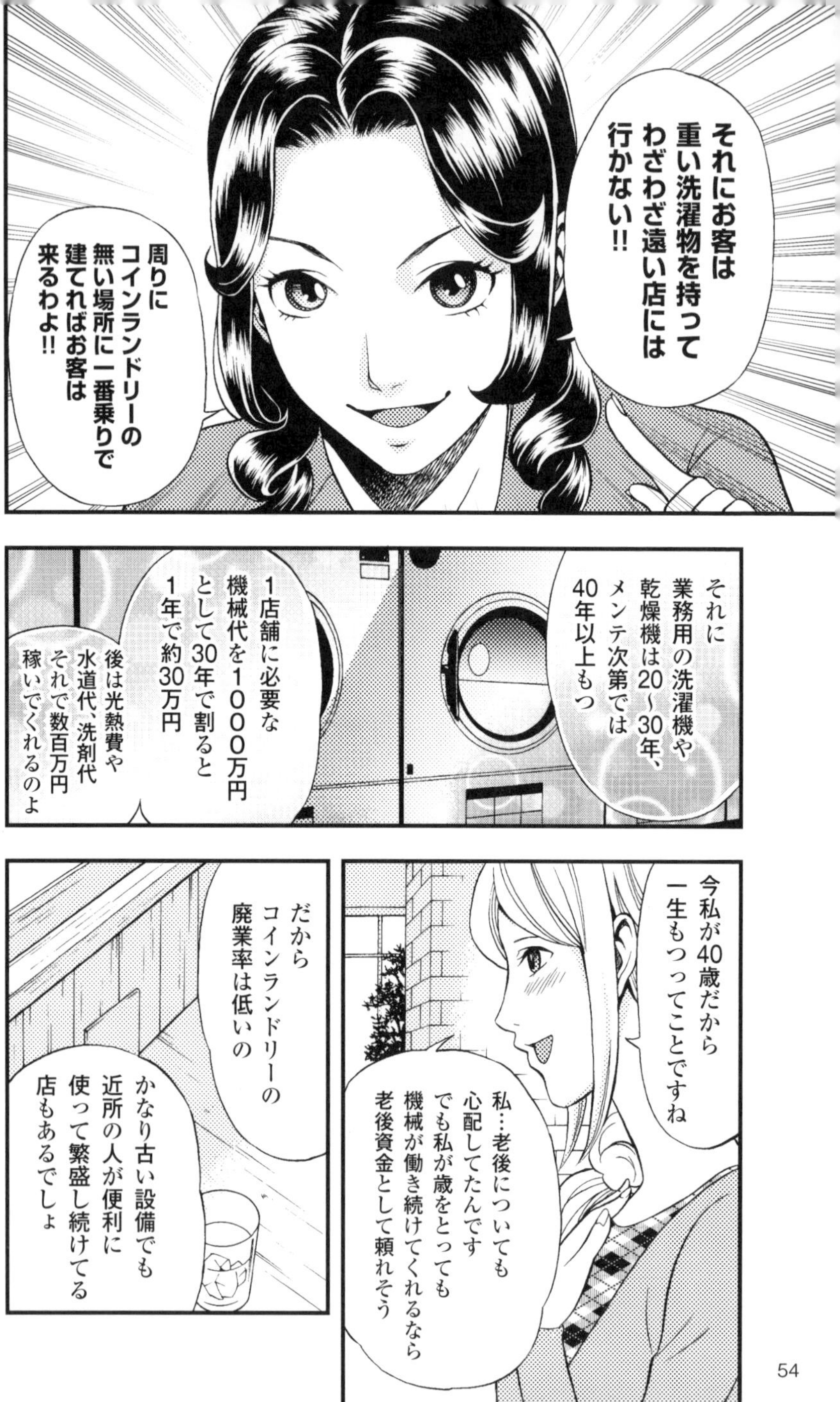
それにお客は重い洗濯物を持ってわざわざ遠い店には行かない!!
周りにコインランドリーの無い場所に一番乗りで建てればお客は来るわよ!!
それに業務用の洗濯機や乾燥機は20~30年、メンテ次第では40年以上もつ
1店舗に必要な機械代を1000万円として30年で割ると1年で約30万円
後は光熱費や水道代、洗剤代それで数百万円稼いでくれるのよ
今私が40歳だから一生もつってことですね
私…老後についても心配してたんです
でも私が歳をとっても機械が働き続けてくれるなら老後資金として頼れそう
だからコインランドリーの廃業率は低いの
かなり古い設備でも近所の人が便利に使って繁盛し続けてる店もあるでしょ

ところで新井さんはどうやってコインランドリー経営を始めたんですか？自分で研究して？
まさか！フランチャイズよ
差し支えなければどこのフランチャイズか教えてくれませんか
それは教えられないわ好みや相性があるし人任せにせず自分で選ぶ力をつけなきゃ40年も経営していけないわよ
ビジネスの成功は自分でガツガツ情報を集めることよ!!
わかりました資料を集めていろんなフランチャイズの見学会に行ってみます！
あっ、でも荒熊さんがスーパーをやめちゃったらおいしいお惣菜が…
大丈夫ですスーパーは本業として続けるつもりですから

3-1

利用率はまだ全家庭のわずか4％

日本の洗濯市場の規模は、クリーニング店が約4000億円、コインランドリーが約1000億円といわれています。ところが、家庭の主婦がやっている洗濯をお金に換算すると4・7兆円にもなります。つまり、洗濯市場全体では5・2兆円にもなるのです。その中で急成長を遂げているとはいえ、コインランドリーの利用率は、わずか4％です。

これはわざわざ商圏を広げなくても、今確保しているエリアの中で顧客の掘り起こしをすれば、自然と売上が上がることを示しています。チラシのポスティングやお試しセールなど、こまめな宣伝によっていくらでも顧客を広げることができるのです。

コインランドリー・ビジネスは、地味で一獲千金を狙う人には不向きかと思われます。一般的な飲食店などを副業にした場合、年商数千万円を上げることとは、特別に難しいことではありません。しかし、コインランドリーで同じ金額を稼ごうとしたら、10店舗以上の開設が必要となります。それはかなり難しいことでしょう。コインランドリーの利点は大儲けできることではなく、息長く、安定した収入が得られることなのです。

多くのビジネスには流行り廃りがあります。今日は必要だからといって、明日も需要がある

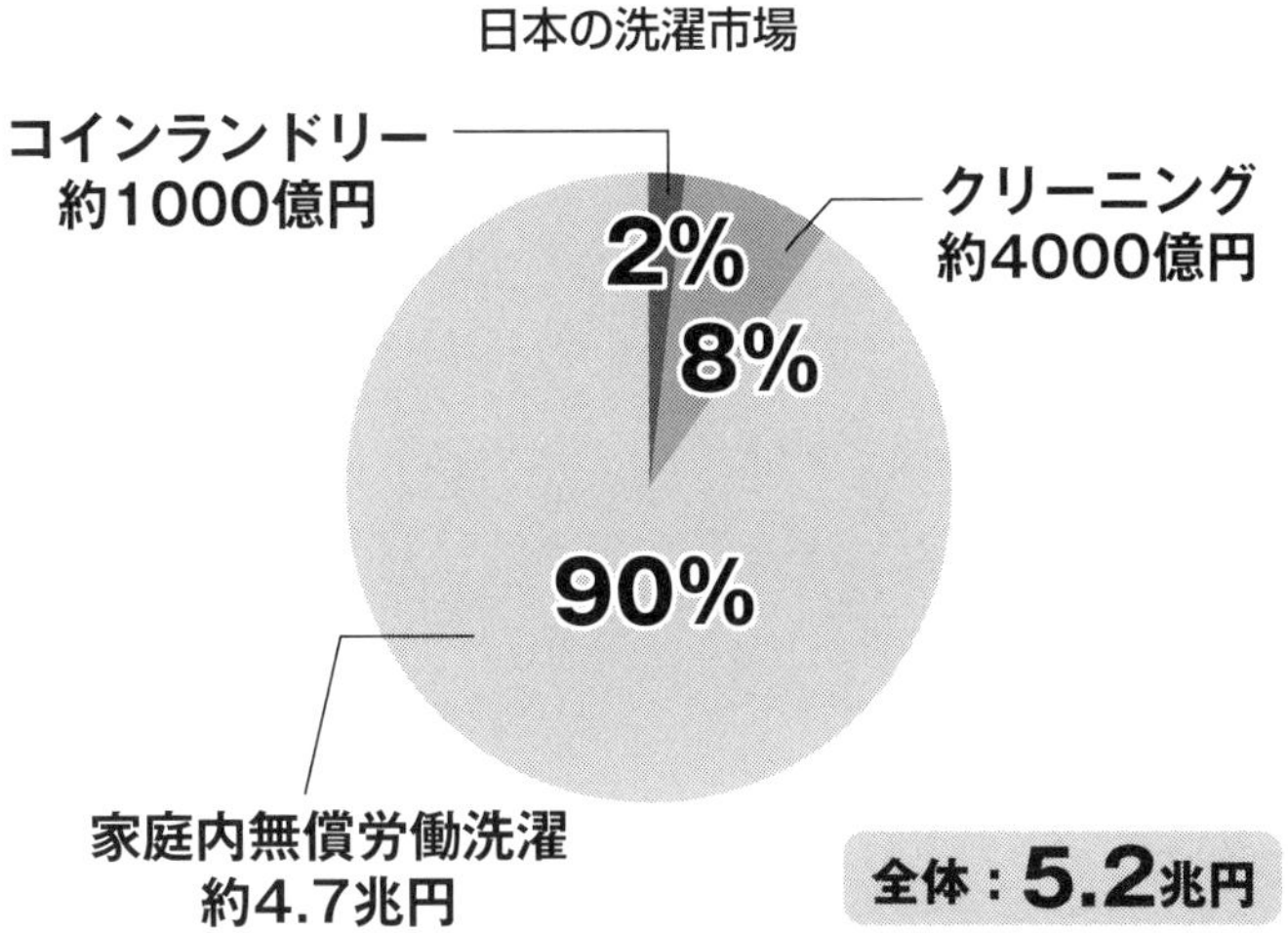

かはわかりません。ただでさえ、顧客は浮気性なのですから。副業としてのビジネスを考えるのなら、目先の利益ではなく、長期にわたる着実な収入源の確保がなにより大事です。

そしてコインランドリーで使用する業務用の洗濯機や乾燥機は耐久性に優れています。一度設置すれば、少なくとも20～30年、メンテナンス次第では、40年以上も働き続けてくれるのです。もし、仮に１０００万円で機械を導入したとしたら、一日わずか１０００円で、数万円をコンスタントに稼ぎ出してくれる計算になります。コインランドリー・ビジネスの大きな利点は、将来にわたって顧客が途切れないことと、利益を生み出す設備の耐久性にあるといっても過言ではないでしょう。

3-2

先行者有利のコインランドリー

コインランドリー・ビジネスの利点は、まだあります。それは、いったん開業してしまえば、そのエリアへ競合する同業他社が新規参入してくる可能性が少ないことです。コインランドリーはよくも悪くもニッチ産業（隙間産業）です。競合する同業者と競い合うことも少なく、大資本の参入に戦々恐々となることもありません。

このような現象が起こる理由は、コインランドリーには、重くてかさばる洗濯物を持ち込むのですから、わざわざ自宅から遠くにある店に行くとは考えにくく、また機械の操作が苦手な方も多いため、新しい店は避けるからです。それに、新型コインランドリーはまだ進出し始めたばかりなので、十分な顧客が見込まれるエリアがまだ山ほど残っているのです。新しくコインランドリーを開業しようとすれば、必ず市場調査をします。そのときに、競合しそうな新型のコインランドリーがすでにあるエリアに開業しようと思うでしょうか。

他の産業なら、逆に繁盛店があれば、そのすぐ近くに、よりよいサービスの店を開業して、繁盛店の顧客を奪おうとするかもしれません。しかし、「顧客のいるエリアが他にも多くある」「サービスに決定的な差がつく業種ではない」などの理由から、コインランドリーは競合

を避ける傾向にあるのです。またコインランドリーは大儲けできる商売ではないので、大企業には大きな資本力と時間、そして人材をかけて参入するメリットがないのです。このように、先行者に有利なビジネスの代表格がコインランドリーなのです。

また一般的なビジネスでは、不況や天候不順になれば客足は遠のきますが、コインランドリーは逆に活気づきます。不況下では、家庭の主婦はよりパートで働くことが多くなり、雨の日は乾燥機を使わざるを得ないからです。6月の梅雨期や9月の台風シーズンには、売上が倍以上になることも珍しくありません。「雨が降ると空から100円玉が降ってくる」といわれているのが、このビジネスなのです。

3-3

コインランドリー投資、7つの魅力

ここで副業としてのコインランドリー・ビジネスの魅力を7つに整理してみましょう。

①人件費(固定費)がかからない。労務管理の煩わしさがない

掃除や集金などが必要だが、パートを雇用すれば、その人の都合のいい時間に回ってもらえる。地元の主婦を雇って宣伝の発信源になってもらうことも可能。

②特別の知識を必要としない

人材育成や専門技術の習得などの煩わしさがない。雇ったその日から即戦力となる。

③粗利(利益)率が高い

機械の償却とテナント料を除けば、経費は洗剤と水道光熱費ぐらい。7〜8割が粗利。

④成長産業である

コインランドリーは、まだ利用率が4%程度ほどしかなく、大きな伸びしろがある。また、先に開業した店が有利という特性から、独占的で手堅い商圏を確保できる。そこへ地域に根差した広告をするなど、アイデア次第でいくらでも顧客を増やせる。

⑤流行り廃りがない

一番手堅いビジネスは、日常生活で不可欠なものを提供すること。コインランドリーは多くの主婦やキャリアママにとって必要不可欠な存在になっている。

⑥競争相手が少ない

先行者利益を生み出すのがコインランドリーの利点。先行すれば、同業他社は怖くないという強みがある。立地条件さえ確保できれば、競合は怖くない。

⑦機械は最低でも20～30年は使える

世界中のコインランドリーをみても、40年も前の機械がいまだに現役。メンテナンスは必要だが、末永く利益をもたらしてくれる。

3-4

コインランドリー経営にかかる費用と利益

コインランドリー・ビジネスを目指す人にとって、初期投資は大きな問題です。できるだけ安くしたいという気持ちはわかりますが、ケチると最悪、閉店ということもあるのです。まずは広さですが、狭いと従来型のコインランドリーと差別化ができなくなり、また同業他社から「ここなら勝てる」と思われ、先行者有利の原則が崩れてしまいます。また、機械はお金を稼いでくれる要なので最新のものを購入しましょう。

地域にもよりますが、目安として通常2000万円は必要です。仮に2000万円の資金とすると、おおざっぱにいって1200万円が機械類（洗濯機、乾燥機、スニーカー洗濯機、両替機、柔軟剤の販売機など）の購入費用で、700万円が内装工事や設備工事（電気、水道、ガスの配管や内装など）にかかる費用です。その他に、不動産初期費用（敷金・礼金・保証金など）として100万円が必要になります。また、平均的な収入は月60万円、年間で720万円ほどです。支出には、家賃や借入金の返済、電気代・ガス代・水道代、そして人件費やメンテナンスおよび修理費用、洗剤など消耗品費・宣伝費、フランチャイズへの加盟料といった諸費雑費があります。

小型店舗の初期投資

内　容	投資費用
洗濯機 乾燥機 両替機などの機器代	約**1200**万円 （13年償却）
内装工事 電気工事 給排水工事 看板工事 ダクト工事などの費用	約**700**万円 （15年償却）
不動産初期費用 （敷金・礼金・保証金など）	約**100**万円 （15年償却）
総額 約2000万円	

※金額は物件の状態や広さによってかなり変わってきます。

売上・経費・利益

（軌道に乗った場合、開店6か月～24か月）

売上　約60万円／月	
経　費	金　額
水道光熱費	12万円
人件費	3万円
サポート費（管理費）	4.4万円
雑費	0.5万円
家賃	10万円
フランチャイズ加盟料	0円
キャッシュフロー **約30万円／月　約360万円／年**	

まとめ

コインランドリー・ビジネスが副業に適する理由

コインランドリーの利用率はわずか４%。
まだその24倍の市場が残されている。
商圏を広げなくても半径２㎞以内の顧客を掘り起こすことで
いくらでも利用客を増やせる。

↓

コインランドリーの機器は、
メンテナンスさえしっかりすれば、40年以上持つ。
だから一度、購入さえすれば、
長期にわたって安定した利益を上げることができる。

↓

コインランドリー市場は典型的な先行者有利の市場。
無理に同じ地域に進出して競争する必要がないので、
競合他社は怖くない。
また大資本の企業は、投下資本のわりに儲からないので参入しない。

↓

不況や天候不順に強いのもコインランドリー・ビジネスの強み。
不況になれば働く主婦＝利用者が増え、
雨が降れば、洗濯物が干せないので利用者が激増する。

↓

コインランドリーの初期投資費用は
通常 2000 万円。
機械類の購入費用と工事代が
２：１程度の割合になる。

第4話

初心者OK！フランチャイズの選び方

その夜 荒熊家――
今日は最悪にショックなことがあったよ…それで思ったんだが……
私はママ友にとても面白い話を聞いたわ それで思ったんだけど……
脱サラはリスクが大きいから…
家庭と仕事を両立させるために…
副業でコインランドリーってのはどう？
ドー

えっ
あなたも？
奇遇だな
君も？
…へぇ〜
その新井さんって
バリキャリママが
コインランドリーをね
あなたの同僚の
叔父さんの話
ってのも
興味深いわ
僕らもやって
みたいけど
どうすれば
いいのかな
適当に
安い土地見つけて
業務用の洗濯機と乾燥機を
買って置いとけば
いいんじゃない？
いやいや
独自流は
良くない！
確実な
成功のためには
ノウハウが無いと
せっかくのお金が
無駄になるだけだ
でも
ノウハウなんてどこで
教えて…
あっ…
そういえば新井さんの
コインランドリーは
FC（フランチャイズ）
だって…

なるほど！
FCなら本部がノウハウを持っていて教えてくれるから初心者でも安心だね
で…どこのFC？
それが自分で探しなさいって……
ネットで調べるといろんなFCが説明会を開いてるわ
じゃぁ片っ端から参加してみるか！
資料請求っと！
副業として『何をするか』を決めたあと
さらに『誰とするか』という問題が立ちはだかるってことだな

フランチャイズオーナー説明会会場
A社
最低でも洗濯機10台と乾燥機20台は必要ですね！
そうすれば月150万円以上の売り上げも見込めます！
おおおお
副業の初期投資としては規模が大きすぎない？
最初の設備投資や機器販売で本部が儲けようとしてるね
B社
余ってる土地があれば即開業！月100万円間違いなし！
立地によって客入りは全然違うはずなのに
土地も見ずにいい加減だな

C社
えっ…機械について詳しい情報ですか?
えーっと私は営業担当なので技術的な質問はちょっと…
自分が売る機械のことを営業マンが知らないなんて…
会社の中に技術部隊を持ってないいんだろうね
設備を売るだけでメンテナンスは二の次
修理は外注で何週間も待たされるんじゃないかな
はあ…なかなか気に入ったフランチャイズに巡り合えないわね
マンマチャオ様
まあまあ次はここなんかどうだろう
マンマチャオ?イタリア語かしらおしゃれな感じね
マンマチャオ『コインランドリー投資のすすめ』を無料配布しております
是非お手に取ってご覧ください!
どうも
こんな本をタダで貰ったよ『コインランドリー投資のすすめ』?
知っている人だけが儲かる
コインランドリー投資のすすめ
三原 淳
ここはずいぶんきちんとした資料をくれるのね

マンマチャオのフランチャイズ経営事業説明会へようこそ！
パチ
パチ
パチ
パチ
パチ
パチ
本日は特別ゲストをお呼びしています
パチ
パチ
パチ
三原淳社長です！
パチ
パチ
パチ
最初に皆さんにお伝えしたいのは
FC経営にとって一番大事なのは『何をするか』ではなく『誰とするか』ということです
!!
今の給与などの収入源だけでなくもしもの場合でも強い味方になるもうひとつの定期的・継続的な収入を得る方法
今の時代の副業中の副業といえばコインランドリー経営です
私のFCに加盟しなければダメですよとは申しません
皆さんは虎の子の資金を使われるのですから色んなFCをしっかり見学して…
その上でマンマチャオをビジネスパートナーとして選んでいただければ光栄です

ビジネスパートナーである皆さんにはおいしい話ばかりでなくリスクやシビアな話もさせていただきます
まず開業資金ですが現在の一般的な相場で2000万円かかります
えーっそんなにお金無いよ！公的資金の借り入れをしないと
その程度かそれなら借り入れなくても大丈夫だ
借金なんてしたくないからね
しかし節税のためには借金したほうがいい場合もありますよ
まして今はゼロ金利の時代です
本業での収入があれば返せるしきちんと考えて建てればコインランドリーがお金を生むから返済に困るリスクは減らせるでしょう
ふむなるほど
でも融資を受けるなんて初めてでどこで借りればいいいか
弊社からは政策金融公庫を紹介しております
たとえば公庫の東京支店ではマンマチャオで年間数億円を加盟店様に融資いただいています
デフォルトも一度も無いので信用が高く1000万円ぐらいなら簡単に融資してもらえます
おぉーそんなに！

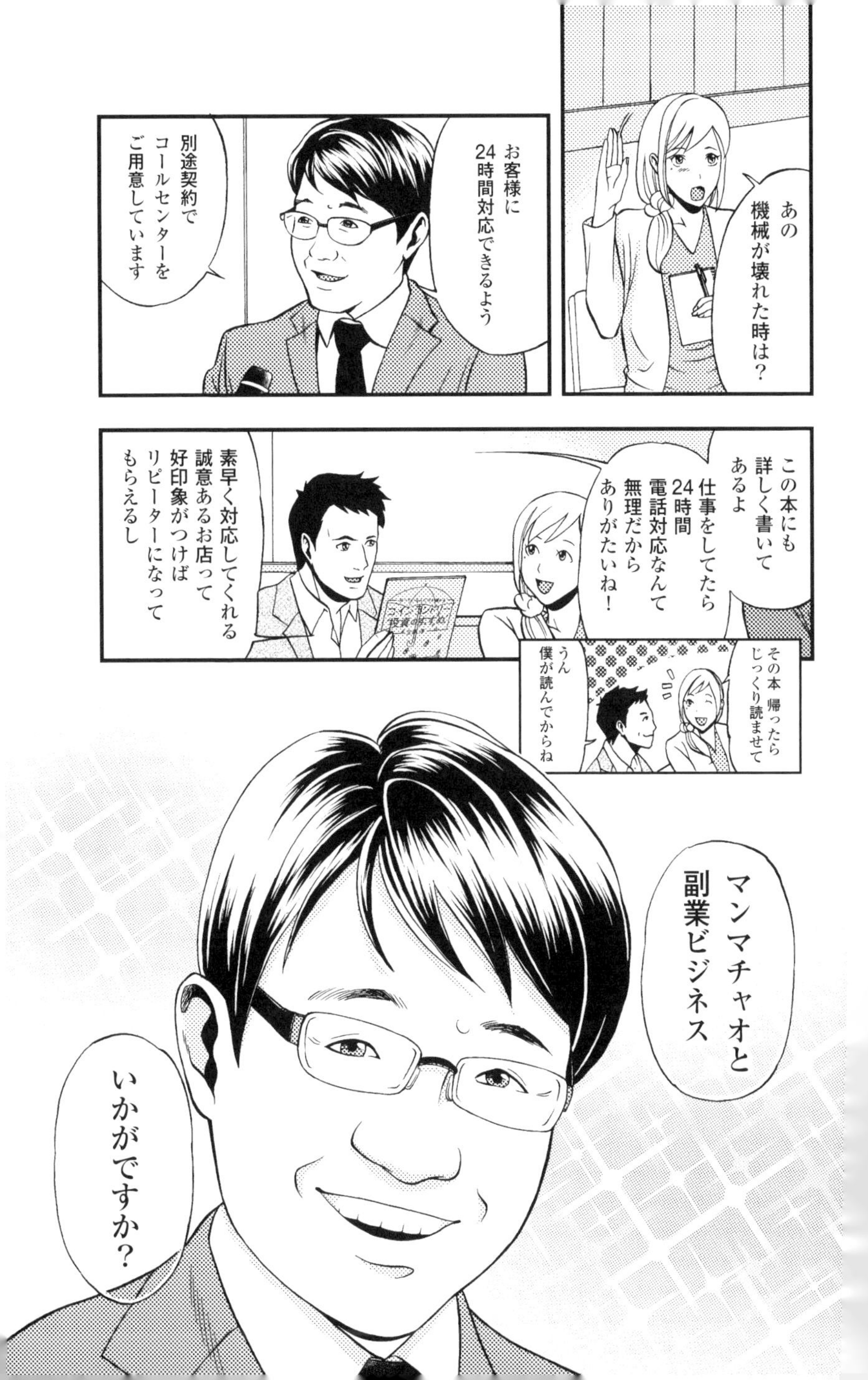
あの
機械が壊れた時は？
お客様に
24時間対応できるよう
別途契約で
コールセンターを
ご用意しています
この本にも
詳しく書いて
あるよ
仕事をしてたら
24時間
電話対応なんて
無理だから
ありがたいね！
素早く対応してくれる
誠意あるお店って
好印象がつけば
リピーターになって
もらえるし
その本 帰ったら
じっくり読ませて
うん
僕が読んでからね
マンマチャオと
副業ビジネス
いかがですか？

4-1

フランチャイズ加盟のメリット

もし、あなたがサラリーマンで経営の未経験者だとしたら、フランチャイズに加盟することは成功するために絶対欠かせない条件といっても過言ではありません。万一、加盟しなくて成功したとしても、大変な労力と時間がかかり、とても副業にはなりません。

では、フランチャイズに加盟するとどんなメリットがあるのでしょうか。コインランドリー成功の秘訣は、立地条件と設備の選定でほとんど決まってしまいます。まず、立地ですが、フランチャイズ本部には、実に細かい立地のノウハウがあるのです。商圏内の人口や競合店の有無だけでなく、家族構成や近くにある商業施設なども綿密に調査しないと最適な立地かどうかはわからないのです。こういったことは、個人ではできません。

また、設備の選定にしても、お金をたくさん稼いでくれる稼働率のよい機械を入れ、効率の悪い機械は入れなければ成功するように思われがちですが、実はそうではありません。こういったノウハウは、長年、コインランドリーを経営し、多くの失敗を繰り返して蓄えるほかないのです。ところが、加盟店になれば、それらの蓄積は、労せずしてあなたのものになるのです。他にも売上を高めるさまざまな秘訣を持っています。

フランチャイズ・ビジネスの仕組み

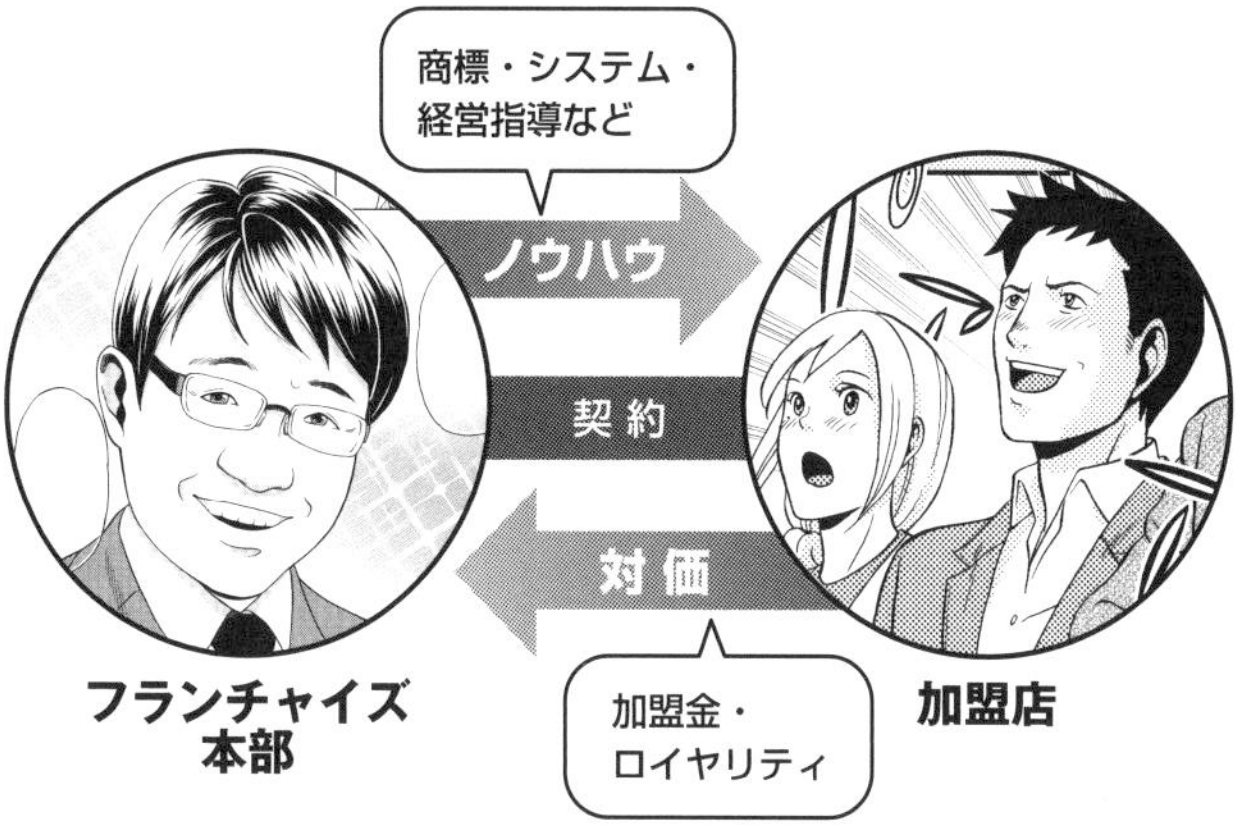

融資が受けやすくなることも、フランチャイズに加盟する大きなメリットです。仮に1000万円を借り入れるとすると、事業計画を提出し、返済が問題ないことを金融機関に説明しなければなりません。しかし、実績のない個人に金融機関はなかなかお金を貸してはくれません。ところが、フランチャイズの加盟店ならば、本部の過去の実績や経験が加味され、融資に大変有利に働くのです。さらにあなたがサラリーマンで定収入があることも有利になります。

大きな借金を背負うことは、誰でも不安でしょうが、1000万円を10年で返済するとすれば、一か月の返済額は利息を含め9万4000円ほどです。月の売上が50万円ほどですから、返済が滞るようなことは、まず考えられないのです。

4-2

実際に経営している人から本音を聞き出す

フランチャイズの選定は、資料集めから始めます。ネットなどで検索すれば、コインランドリーのフランチャイズは山ほど出てきます。そこに資料請求して、興味が持てた本部の「説明会」に参加します。5〜6の説明会に参加すれば、おのずと自分に合ったフランチャイズが現れるはずです。もし、個人面談ができるのなら申し込んでおきましょう。一般的な説明だけでなく、自分の聞きたい、そして自分の状況に即した答えが得られます。また大勢の前では言いにくい本音を聞き出すこともできます。

こうして、たとえば、3つのフランチャイズに絞れたとします。そのときに、必ずやっておかなければならないことは、実際にそのフランチャイズに加盟して商売をしているオーナーさんに会って、話を聞くことです。一人ではなく3〜4人から聞くようにします。フランチャイズ側の説明だけでは、それが真実かどうかはわかりません。本部の利益優先で、加盟店のことを考えないところもあるかもしれないのです。

会って話をしてくれるオーナーであれば、本音を語ってくれます。「加盟してひと月過ぎたら、洗剤の補充と機械のメンテナンスにしか来なくなった」という愚痴が聞けるかもしれませ

フランチャイズ説明会の様子

ん。逆に「こまめに顔を出してくれて、困っていることを相談すると数日後には解決策を提案してくれる」という声が聞けるかもしれません。そういう声は実に貴重です。フランチャイズを選ぶときの決め手といえるでしょう。

ただ、最終決定は経営者たるあなたがしなければなりません。一店舗のコインランドリーの店主であっても巨大なホールディングスのCEOであっても、「経営者」であることに変わりはないのです。最終決定はあなたがして、その全責任を負うのです。そういった心構えがなくては、何かあったとき、責任を誰かのせいにして困難から逃れようとするのが人間の性《さが》です。退路を断つためにも、「自分が決めた」という自覚を持たなければなりません。

4-3 こんな本部には気を付けよう！

本部と加盟店の関係は共存共栄であるべきだと私は思っています。本部は加盟店のオーナーにぜひ成功してもらい、借入金を返済し終わったら、第二号店を開業してほしいと考えているのです。またオーナー自身の成功例を他の人にも広めてもらい、コインランドリー開業を考える人を増やしてほしいと願っています。ですから、本部は、加盟店が成功するように開業企画を立案し、全力でサポートするのが当然なのです。しかし、残念ながら、フランチャイズの中には、加盟店の利益よりも本部の利益を優先している業者がないとは言い切れないのが現実です。

そのような業者にはいくつかのパターンがあります。第一に、立地条件を軽視、または無視する業者です。彼らは空き地を持っている土地所有者に対して「空き地さえあれば、すぐ開業できますよ。最低でも月１００万円の収入があります！」などという宣伝文句で勧誘するのです。第二には、３０００万円、４０００万円という大規模な初期投資を強引に勧めてくる業者です。彼らは「大きな店を作れば、売上が大きくなるので利回りがいいんです」という謳《うた》い文句であなたに迫ります。第三に、営業マンが機械について知らない業者にも注意が必要です。

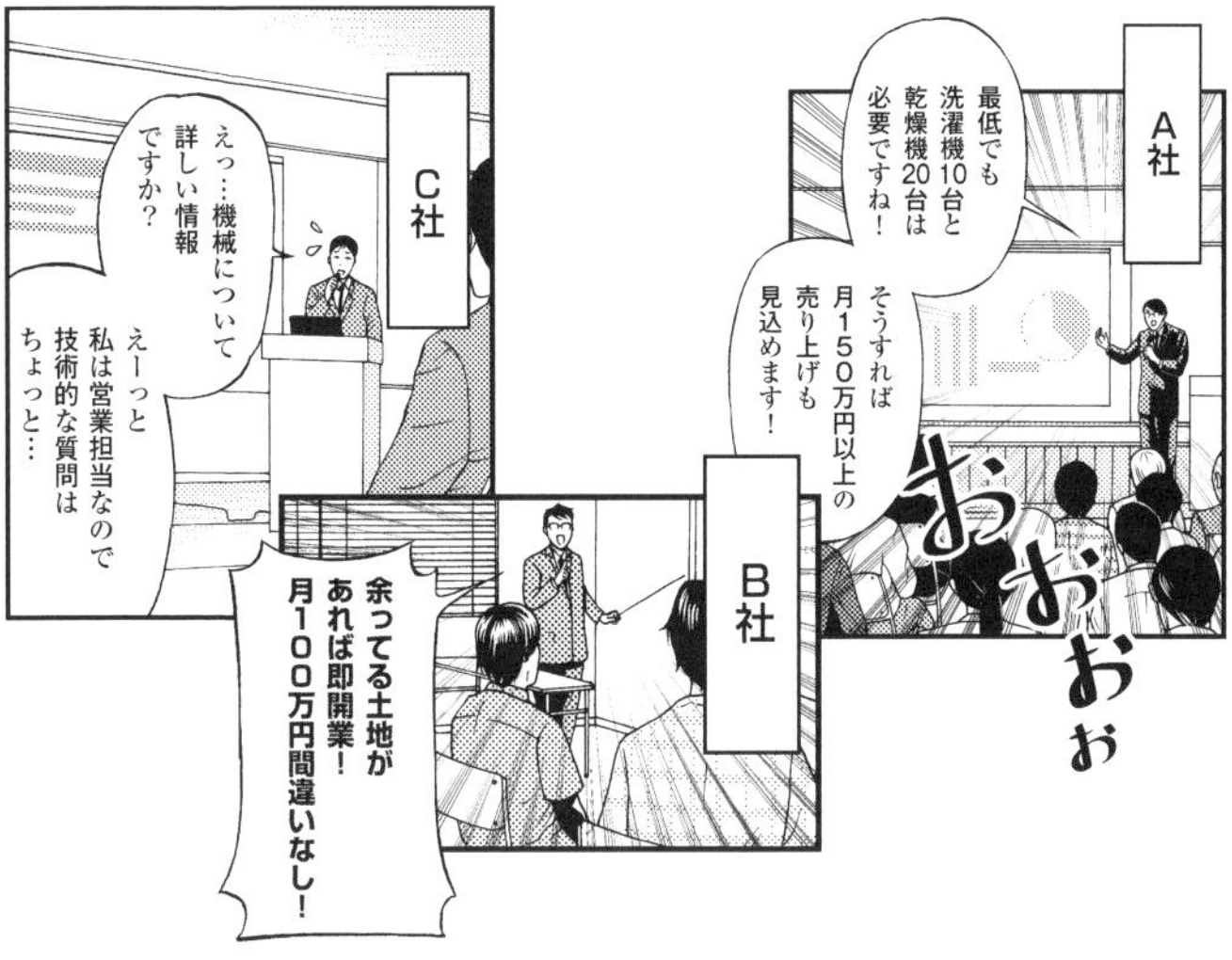

自分が売る商品なのによく知らないということは、売れさえすればオーナーが損をしようが関係ないという姿勢の表れだといってもいいでしょう。

また、高額で本部の売上に貢献する一体型の洗濯乾燥機だけを薦めるところにも疑問を感じます。確かに一体型は、一度洗濯機に放り込んでおけば、洗濯・乾燥ができるので、主婦には便利です。洗濯機から乾燥機に入れ替える手間がないのでゆっくり買い物や用が足せるからです。この機械は、洗濯だけ、乾燥だけもできるので、一台あれば2台分の働きをし、スペースを節約してくれます。しかし、一台300万円弱と高額で、回転効率が悪く、無駄な投資になっているのが現実です。せいぜい2台も設置すれば十分なのです。

4-4

フォロー体制が充実しているフランチャイズを選ぼう!

きちんとしたフォロー体制があることも、よいフランチャイズ本部であるための条件です。機械のメンテナンスや故障の修理は当然ですが、開業後のオーナーさんにとって一番頭を悩ませる問題であるクレーム処理のフォローも重要です。クレームはさまざまで、実例としては、洗濯槽に異物を混入されたために、臭いが染みついてしまったというようなものもあります。

緊急時の連絡先として、オーナーの自宅の電話番号や携帯番号を表示しているケースがよくあります。ところが、電話しても、そのほとんどがつながりません。クレーム電話は連日、真夜中にもかかってきます。最初は丁寧に応対していたオーナーさんも、これが一か月続くと、精神も肉体もボロボロになって、留守番電話にしてしまうことが多いのです。

実は、お客さんからのクレーム電話のほとんどが、勘違いや誤操作が原因のものなのです。それにいちいち対応していたのでは心も体ももちません。副業としてやっているのですから、それに24時間365日を使うわけにはいかないのです。副業として成功させるには、まず「自分でクレームを処理しない」ことが非常に重要です。

ですから、クレーム処理機能が本部にあることが、よい本部の条件にもなるのです。クレーム

コールセンター（イメージ）　写真提供：ピクスタ

にきちんと対応しないとその顧客は二度と来てくれません。さらに顧客は即時対応を求めていて、そうでないと不平不満を周囲に言いふらすことにもなりかねません。24時間対応のコールセンターがあれば、オーナーは安心して本業に励むことができるのです。

また売上が落ち込んだときに、その原因を調査して、対策を練り、宣伝方法などを具体的に提案してくれる本部は、心強いと思います。高いロイヤリティを毎月取っているのですから、当然このようなフォローをすべきですが、機械の売り込みと開業時だけ熱心で、あとは「オーナーの責任だ」と投げ出されてしまうケースもあるのです。面倒くさがらず、必ず複数のオーナーの話を聞き、そのフランチャイズの実態を把握しておきましょう。

まとめ

フランチャイズ加盟のメリットと悪徳業者の見分け方

サラリーマンが副業としてコインランドリー経営をする場合、
フランチャイズ加盟は成功のための必須条件。

↓

コインランドリー・ビジネスは
立地と設備の選定で成否が決まってしまうが、
そのノウハウは経験を重ねてきたフランチャイズ本部にある。

↓

その他の商売のコツなどもフランチャイズに加盟すれば、
労せずして手に入れることができる。

↓

しかし、フランチャイズには、本部の利益ばかりを求めるところもある。
その見分け方は……
①立地条件を軽視して根拠なく高い利益が上がると吹聴する。
②広い敷地や多くの設備を勧め、初期投資が大きければ
それだけ儲かるといった論法を展開する。
③営業マンの機械についての知識が乏しい。

↓

よい本部は、クレーム処理や売り上げ低迷の対策などを
熱心にしてくれる。

↓

**よい本部と悪い本部を見分けるには
実際に加盟店のオーナーと会って話を聞くのが一番。**

第5話

建てるならここ！勝利の一夜城

マンマチャオのフランチャイズ説明会に行って一か月が経った
コインランドリーを設置する場所選びや開業資金の借り入れ方法などを考えないと
慎重に検討してゆっくりと進めていきたいところだが…
ピロリン
着信１件
乱取さん
乱取さん!?
乱取さんからメールですって?
乱取さんってマンマチャオの説明会の時隣にいた人よね?
質疑応答の時に話が合ってメアド交換したんだ
飲食店を何軒か経営して忙しい人なんだけどリスク分散のため他業種にも進出してみたいってことで…

『マンマチャオとフランチャイズ契約し1号店を開くことになりました』だって！いいなあ～！
僕らが出店するときの参考に見学に行かせてもらおうか
いいわね賛成！
最近お父さんとお母さん毎晩熱心に相談してるね
仲良しよね～
日曜日――
迎えに来てもらうなんてすみません乱取さん
ブオオオオ
高速道路の所ですよね？閉めてる店舗があるから再利用するって…
その予定だったんですが…
土地を借りてそこに建てることに変更したんですよ

えー もったいない
不動産を持っているのにわざわざ別の場所を借りたんですか？
最初に考えていた場所は住宅地から遠かったんです
コインランドリーの利用者の大半は半径2㎞以内から来ますからね
それに近くに駐車場が無かったんです
大型コインランドリーをわざわざ利用しに来るお客さんは家では洗えない大物や大量の洗濯物を持ってくるはず
雨の日には利用が増えますし当然車で運んでくるでしょう？
車から20歩以内で入店できるのが理想なんです
自分の所有地にこだわらずお客さんの流れや利便性を考えたんですね
なるほど
お客さんの立場になって考え長く愛される店を作るのは客商売にとって一番大事なことですからね
立地に妥協はできません

コインランドリーは投資じゃなく経営です
自分の頭で考えて工夫するほどお金が稼げるんです
口をあけて待っててもお金は落ちて来ませんからね
具体的にどういう場所を選べばいいんですか？
ピラッ
ざっとこんな感じですね
わぁ！凄く研究されてる！
①駅の近くよりも住宅地の近く。
②都心よりも郊外。
③4人以上の家族が多い地域。
④生鮮食品を扱うスーパーが近い。
⑤クルマを停めやすく、20歩以内で入店できる。
⑥生活道路に沿ったところ。
⑦通りからお店が見える。
さぁ着きましたよ
私が選んだ『1号店』はあそこです

スーパー Fresh
スーパーの隣の空き地です
凄いわ メモのとおり!
ここなら コインランドリーの待ち時間に買い物をすませられて忙しい主婦にはありがたいわね
あれ? でも コインランドリーは どこに?
大丈夫 今できますよ
今!?
ゴキキキキキ

ゴキキ
お客さんがコインランドリーに求めるものは何も絢爛《けんらん》豪華な建物ではないのです
ドン
ガン
新しくて清潔であるのが一番
だからプレハブランドリーにしたんです
ガン
バッ
たった一日で完成しますよ

このご時世
せっかく立地を選んでも
のんびり建物を建てている
間にスーパーが
潰れたり…
他にスーパーが
できたりして
お客さんの流れが
変わってしまう
危険性がある
だから
ここと思ったら
すぐに建てたかったん
です
機を見るに敏
まるで豊臣秀吉の
墨俣《すのまた》一夜《いちや》城《じょう》だ
それに
建築している間は
当然開業できないので
収入が入らず出る一方
その間
持ちこたえるには
相当な資金力が
必要です
けれどプレハブランドリーなら
スピーディに開業できるので
すぐに資金回収を始められます
少ない資金で
開業するための
工夫ですね
何よりも有利なのは
リスク回避能力の
高さです
1号店の出店は
立地選びから何から
石橋を叩きこわすほどに
万全を期しましたよ

そこまで慎重にやっても商売ってのはどうしても駄目だったってこともあるんです
でもそういう時このプレハブならすぐにコインランドリーごと新しい穴場に移転できるってわけです
失敗した時のことまで考えるとはさすがベテラン経営者シビアですね
シビアですが楽しみでもありますよ
本当に必要とするお客さんの所にコインランドリーを届けられるわけなので
布団を洗うすべが無くて困ってた私みたいなお客さんの所へ
もし荒熊さんも出店したら教えてくださいオーナー会で会えるのが楽しみです
オーナー会?
マンマチャオ主催の年2回の懇親会ですFC本部とオーナーはファミリーだということで
まあ素敵ですね
ほらぼちぼち完成ですよ
私の『1号店』へようこそ!

5-1

コインランドリーの立地条件

コインランドリーは立地が重要ですが、具体的にはどのような条件がいいのでしょうか。コインランドリーの利用者は、女性が75％で主婦が65％を占めています。年齢別でみると女性利用者の80％が20代から40代です。そのような方々が利用者であることを意識すれば、おのずと立地条件も見えてきます。

①**駅の近くよりも住宅地の近く。**駅の近くではクルマが停められませんし、大きな洗濯物を抱えて女性が駅前をウロウロするでしょうか。また通勤前に女性が洗濯をするという構図も想像できません。②**都心より郊外。**郊外の方が働く主婦が多いことは先に述べた通りです。また郊外だと土地や建物の賃料が安く、広い土地が借りられるという利点もあります。③**4人以上の家族が多い地域。**夫婦二人のような家族だと、自宅の洗濯機や乾燥機で事足りてしまうケースが多いからです。

④**生鮮食品を扱うスーパーが近い。**主婦は、コインランドリーに洗濯物を入れたあと、買い物をし、仕上がった洗濯物を持って家へ帰ります。ですから、毎日通う生鮮食品のスーパーが近くにあることがよい条件です。同じスーパーでもイオンモールのような衣類も扱い、休日に

コインランドリー利用者の割合

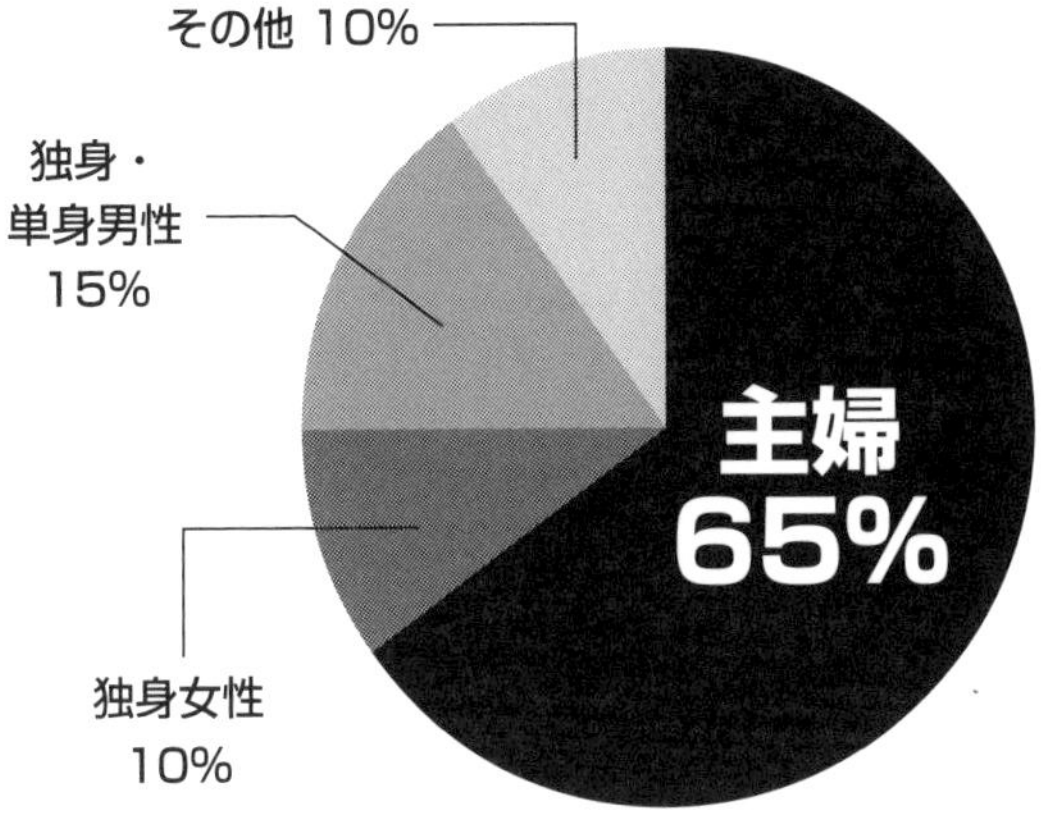

マンマチャオ調べ

家族連れで行くようなスーパーは不向きです。⑤**クルマが停めやすく、20歩以内で入店できる。**女性には運転が苦手な人も多いので、クルマが停めにくいコインランドリーは敬遠されてしまいます。また洗濯物は重くかさばるのでできるだけ駐車場とお店は近い方がいいのです。⑥**生活道路に沿ったところ。**「西松屋」や「アカチャンホンポ」のようなベビー用品店は、ターゲットがコインランドリーと似ているので、出店場所がとても参考になります。彼らは、クルマの多い幹線道路ではなく生活道路沿いに店を構えています。⑦**通りからお店が見える。**コインランドリーは営業不要といいながら、認知されなければ利用してもらえません。店舗を知ったきっかけの6割は「看板を見て」なのです。

5-2

自己所有物件に固執すると失敗する！

コインランドリー・ビジネスの支出で大きな割合を占めるのが、土地や建物の賃貸料です。場合によっては、借入金の返済を上回り、最大の支出額になるかもしれません。コインランドリーの月々の売上は50万円前後、諸条件に恵まれても１００万円程度です。粗利は８割程度ですから40万円から多くても80万円ぐらいになります。

月々の賃貸料が10万円だとすると、利益は差し引き30万円から70万円となります。月10万円の家賃の売上に占める割合は、非常に高いといえます。年間で１２０万円、機械の寿命を仮に30年とすると計３６００万円という莫大《ばくだい》な金額です。

「だったら、やっぱり自己所有の物件で開業する方がいいね」と思われるでしょうが、私のところにコインランドリー開業のご相談に見える地主さんで、「ここなら問題ないでしょう」とお返事できる物件は、せいぜい2割程度に留まっています。

すでに経営しているコンビニやスーパーマーケット、ドライクリーニングの取次店などに併設するのなら、既存事業とのコラボで相乗効果が期待できるのでいいかもしれませんが、それ以外の場合、空き店舗を所有している方でも、勧められない場合が多いのです。

やはり、一にも二にも立地条件です。さらに店舗の広さ、駐車場からの距離なども、自己所有物件だと妥協してしまうケースが多いのです。自己所有物件を利用することで、月々10万円のテナント料を節約しても、そのために売上が減少するようでは本末転倒です。自己所有物件があるために立地条件を妥協してしまうと、コインランドリー・ビジネスは成功しないのです。

最初に2000万円程度の機械設備と設置費用をかけるのですから、費用対効果を考えて、まずは立地条件を優先すべきです。場合によっては、自己所有物件は人に貸して、自分は別のところを借りるぐらいの決断が必要になります。自己所有物件にこだわると失敗する可能性が出てきます。

5-3

プレハブ店舗の利点

建物を建てる必要があるときにお勧めなのが、プレハブ建築です。プレハブというと安っぽいイメージがあるかもしれませんが、最近は本建築と遜色ないものもあります。利用者は、清潔で明るく、利用しやすければよく、豪華さや、オシャレな外観は要求していません。ですからプレハブだからといって売上が減ることはありません。

プレハブの利点は、なにより安く建てられるということです。通常の建築と比較して50％程度に費用を抑えられる場合もあります。また工期が短いことも魅力です。極端な例でいえば、たった一日で設置することも可能なのです。早く開業できれば、それだけ、お金を稼いでくれる期間も長くなり、経営者にとって大きな利益となります。また数十年後に建て替えが必要になったときも容易に建て替えることができるのです。

さらに「移転が容易」というメリットもあります。あまり考えたくはないのですが、事業が失敗することもあります。コインランドリーの場合、信頼できるフランチャイズに加盟すれば、ほぼ撤退するような事態にはならないのですが、それでも絶対ではありません。

撤退せざるを得なくなる最大の要因は、人の流れが変わってしまうことです。新しい駅が

できる、新しい大型の商業施設ができる、隣接していたスーパーマーケットが閉店してしまうといったことで、人の流れが大きく変わることがあります。それは当初の立地条件が変わって最適地ではなくなってしまったことを意味します。そんなとき、撤退が最良の決断である場合も多いのです。プレハブであれば、店舗ごと、建物と機械類をそのまま他の場所に移動するだけで開業が可能になるのです。

コインランドリーの経営者は1号店を開業するのと同時ぐらいに、2号店の候補地を探しておくのが賢明です。そうすれば、借入金を完済したとき、すぐに動けるだけでなく、1号店が撤退しなければならなくなったときに、その候補地に移転することができるのです。

5-4

候補地選びはプロに任せる

自分でコインランドリーに適した物件を探すのは容易ではありません。できれば物件探しから手伝ってくれるフランチャイズを選んだほうがいいでしょう。彼らは、その道のプロですから、実にさまざまな細かい条件を熟知しているのです。一番重要な立地に関しては、プロの力を借りるのがいいでしょう。

自分で探すのには多くの時間がかかりますし、それが最適である可能性は高くありません。経営者にはやらなくてはならないことが山ほどあるのです。特に副業でやるのですから、使える時間は限られています。人任せにできることは任せる勇気を持つことも経営者として重要な資質です。しかし、最終的にどの候補地を選ぶのか、決断するのは、やはり経営者となるあなたです。

ただし、開業させてしまえば、あとのことは知らんふりというフランチャイズがあることに注意しなければなりません。本部の収入は、業務用洗濯機と乾燥機などの販売や設置工事費が大きな割合を占めています。ですから、コインランドリー・ビジネスに不適な物件であっても、地主と結託して候補地として勧めることもあるのです。

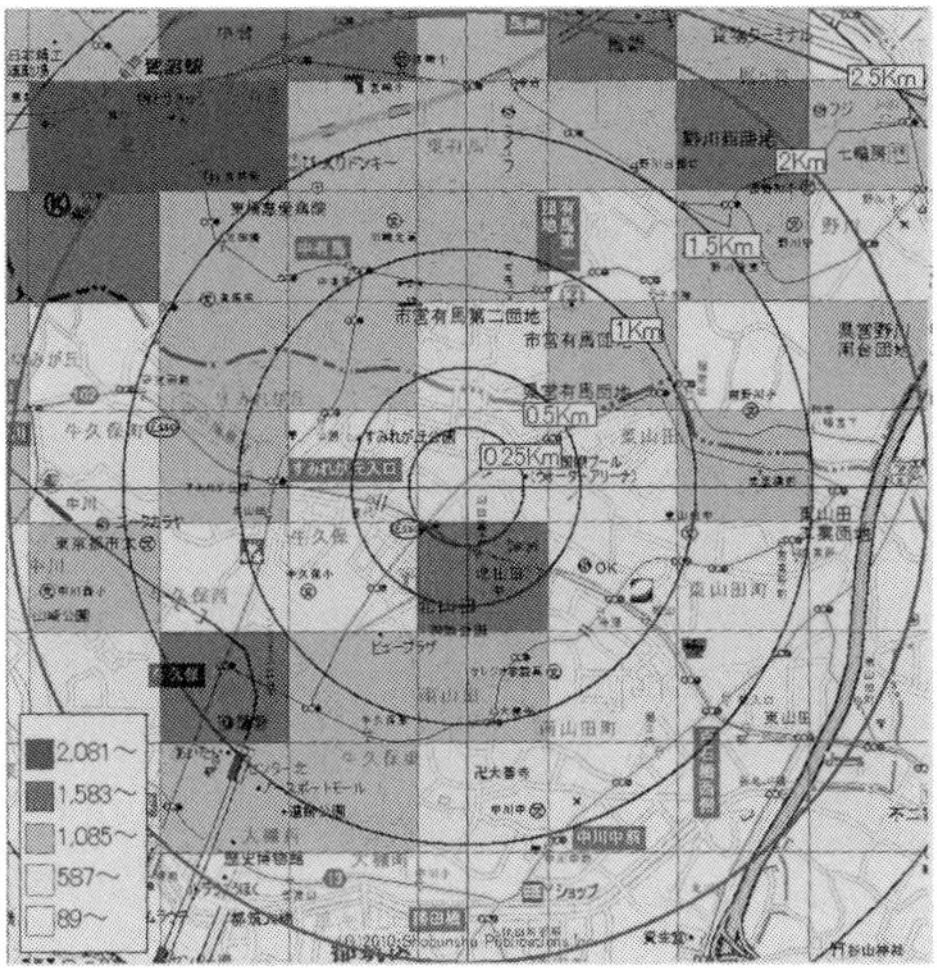

候補地のイメージ

さらに、１０００万円の設備でも２０００万円の設備でも開業指導の手間暇は一緒ですが、２０００万円なら本部は倍儲かります。ですから自分たちの利益だけを考える営業マンは、「大きく投資すれば大きく儲かる」といった甘い言葉をささやくのです。しかし、コインランドリーでは店舗面積や設備と、売上は決して比例しないのです。

こんな業者に引っかからないためには、やはり実際に営業しているオーナーさんに聞いてみるのが最良です。それもフランチャイズが紹介してくれるようなオーナーさんは本部の都合のいいことだけを言う可能性がありますから、本部を経由しないで、自力でオーナーさんを何人か見つけて話を聞く必要があります。ここだけは本部に頼ってはいけません。

コインランドリーは
どこに開業すればいいか

コインランドリーの立地条件

① 駅の近くよりも住宅地の近く。
② 都心より郊外。
③ 4人以上の家族が多い地域。
④ 生鮮食品を扱うスーパーが近い。
⑤ クルマが停めやすく20歩以内で入店できる。
⑥ 生活道路に沿ったところ。
⑦ 通りからお店が見える。

↓

**自己所有物件がコインランドリーに
適しているケースは2割程度。
テナント料を惜しんで
無理に開業すると失敗する。**

↓

**プレハブ建築も選択肢の一つ。
安くて工期が短く、新しくて清潔。
また万一撤退するときも、建物ごと移転できる。**

↓

**開業地はフランチャイズ本部に
候補地を挙げてもらうのが一番。
プロが選んだ物件には、間違いがない。**

第6話

初めての資金繰り！
経営者への道

まだ夢を見てるみたい
たった一日でコインランドリーができちゃうなんて
乱取さんの店を見せてもらったおかげで
僕たちがコインランドリーを開業するときのイメージトレーニングがばっちりできたね
次は私たちのコインランドリー建設に向けて下調べ開始ね
まずは乱取さんに教えてもらった立地条件に当てはまるような土地探しよ!
まぁ落ち着きなさい
ガタッ
土地探しは最後でいいだろう
乱取さんが言ってたようにお客さんの流れはどんどん変わっていくかもしれないからね
それよりまずは開業費用の資金繰りや初期投資額の計算だ

父に話すと興味を持っていくらか出してくれると言っている
パチ
パチ
割賦《かっぷ》返済による借り入れを合わせると…
ええ～
計算なんてめんどくさいわ
ザッ
私は足で調べるタイプなのよということで土地探しに…
ちょっと待って！
乱取さんが言ってただろう
コインランドリーは投資じゃなく経営だってフランチャイズオーナーってのは自営業の経営者なんだ
その自覚を持ってお金のことは自分でしっかり管理しないと
………
そうね…わかったわ

パチ
納得がいくまで何度でも計算して
絶対にOKとなる条件になるまで妥協しちゃいけない
パチ
まずは洗濯機や乾燥機の大きさだが…
こっちの資料によると一番稼働率が高いのは15～18キロの中型機らしいわ
全部その大きさにすれば儲かるんじゃない？
いや
そういう中途半端な大きさのものしか置いてない店は魅力が無くてお客さんに見向いてもらえない
バランスよくいろいろ置くのが大事だよ
なるほど
パチ
そう考えると機械設備に最低でも…
1000万円以上かかる
そんなに!?

そんなに先行投資金が必要なのにどうしてコインランドリーが増えてるの？
開業資金の借り入れが比較的簡単だからかな
マイナス金利で銀行も貸したがってるから借りやすいしね
融資してもらうってことね…断られたりしない？
公的な金融機関では自己資金と同額までの融資は保証人なしでOKなんだ
つまり500万円確保すればいいんだよ
でも融資って仕事が成功してお金が返ってくるって銀行が認めてくれないとしてもらえないんでしょ？
1000万円ぐらいなら簡単に融資してもらえます
大丈夫だよ説明会で三原社長も言ってただろ
僕らはフランチャイズに加盟するんだ
それならフランチャイズ本部が蓄積した成功例をもとに銀行にかけあうから融資はおりやすいってことだよ
なるほど！

パパとママ ほんと最近よく 二人で喋ってるよね
がんばって お勉強してる みたい
うん 前まで二人とも 仕事から帰ったら すぐ寝てたのに
大人でも 勉強するんだ 花音も宿題 頑張らないとだぞ
秀太兄ちゃん こそテスト 頑張らないとだよ
数日後
すごい！ 二人ともテスト 100点じゃない！
それに 部屋も綺麗に 掃除してるし
何があったの!?
ママたちが 勉強してるから 花音も頑張ったの
ママたちが 忙しそうだから 掃除ぐらい自分で しなくちゃと思って

そんなことがあったのか！
私たちが職場でどんなに頑張って働いていても子供たちはその姿を知らない
でも家で頑張っていれば子供たちの目に入るのね
それも自営業のいいところだなあ
親が責任をもって経営に取り組めば子供にも責任ある家庭運営をうながすということか
子供に見られてると思うと緊張するわ
頑張らなくちゃね
うん頑張ろう！

日曜日　練習試合――
ママが応援に来るなんて初めてじゃないか
コインランドリーで副業すると決めたからパートのシフトを減らしていってるの
仕事も大事だけど親業も頑張りたいもの
お兄ちゃんの打順だ～！大丈夫かなぁ～
大丈夫よいつもコインランドリーで家中の物を洗って掃除もしているし
おかげでアレルギーもおさまって万全の状態だもの
コインランドリー大好き!!うちにもあったらいいのになぁ
四番ショート荒熊秀太君

カキ
ああ　この試合が終わったら
ーン
いよいよ荒熊家のコインランドリー開業計画開始だ!!

6-1

まずは500万円用意する

コインランドリーには高額な初期投資が必要になります。しかし、初期投資が高額であることは、決してデメリットではありません。なぜなら、金銭面で、開業のハードルが高いので、安易にこの業界に参入して過当競争になることがないからです。ですから資金さえ用意できれば、長く安定した副業として収入を得続けることができるのです。

仮に2000万円が必要だとします。利子が発生しない自己資金で全額用意できればいいのですが、若いサラリーマンにとって2000万円を貯蓄できている例はまれではないでしょうか。ですから、まず500万円用意しましょう。2016年の「家計の金融行動に関する世論調査」によれば、二人以上世帯の平均貯蓄額は1078万円になります。「ええ!? うちはそんなに貯めてないよ~」と驚く方も多いのではないでしょうか。今の日本は富裕層と貧困層の格差が拡大してしまっています。ごく一部の富裕層が莫大な資産を持っていて、平均値を押し上げているのです。そこで現実的な数値として中央値というものがあります。これは、大きい順または小さい順に並べたときの真ん中の値です。この中央値だと400万円になります。この金額なら皆さんも納得がいくのではないでしょうか。世代別では30代の中央値が

１６７万円、40代が２００万、50代が５００万円です。

もし、自分だけで５００万円用意できないのであれば、まず、自分と妻の親兄弟、親戚に借りることを考えましょう。優先的に返済することを約束したり、共同経営者になってもらって、利益を配分するなどすれば、かなりの資金が調達できるはずです。親兄弟を説得して融資してもらえるようになれば、金融機関の担当者を納得させることもできるようになるでしょう。昔風の考えだと、借金は悪いことというイメージがあるのではないでしょうか。しかし、今やお金を借りることは、経済を活性化させる「いいこと」なのです。また借入金があれば、税金対策にもなります。

6-2

安定収入のあるサラリーマンは借り入れやすい

意外に思う人も多いかもしれませんが、金融機関からお金を借りるのにサラリーマンはとても有利です。保証人も不要で開業資金を借りやすいのが、「日本政策金融公庫」です。「サラリーマンと副業の二股をかけていると信用されないんじゃないか」と不安に思う人もいるかと思いますが、それは全くの杞憂《きゆう》です。起業に有利な条件の一つが、給与などの定期収入があることと本業を持っていることなのです。奥さんもパートなどで働き、収入があれば、さらに有利になります。サラリーマンが住宅金融公庫などで数千万円借りられるのもこのような定収入があるからです。

金融機関としては、融資相談に応じて貸し付けても生活費に使われてしまったのでは、目も当てられません。一か八かのすべてを賭けた起業は、日々の生活費の捻出に追われ、仕事どころではなくなる可能性もあります。安定した収入を得ようとするなら間違ってもサラリーマンをやめて起業しようと思ってはいけません。サラリーマンをやめたとたん、あなたの信用はゼロになり、どの金融機関も全く相手にしてくれなくなります。

新規事業が軌道に乗るまでは、いえ、乗った後でもサラリーマンをやめてはいけません。

国内銀行の新規貸出金利の推移

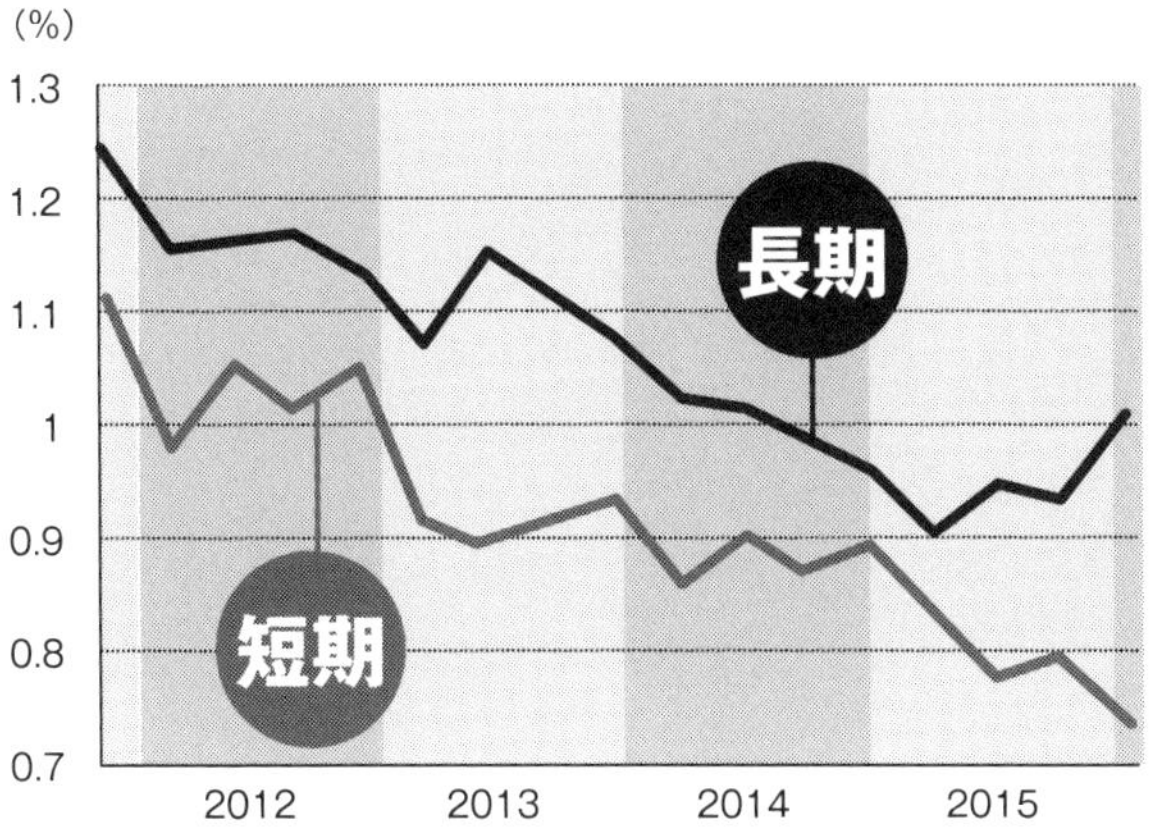

出典：日本銀行

これが今の時代の起業の成功条件なのです。石橋を叩き過ぎて壊してしまうぐらいの堅実な人は、金融機関も信用し、査定が通りやすいのです。

さらに追い風となっているのが、マイナス金利時代に突入したことです。マイナス金利になると各金融機関が日本銀行に預けているお金にマイナスの利子がつくのです。簡単にいうと日銀にお金を預けていると普通は利子がもらえるのですが、逆に利子を取られてしまうのです。ですから、そのお金を引き出して誰かに融資しないと、どんどん損をしてしまいます。そのため、銀行は堅実な相手ならお金を貸したくて仕方がないという事情があるのです。これを利用しない手はありません。

6-3

資金繰りでもやっぱりフランチャイズ加盟が有利

低金利の時代になり、私たちも低利でお金を借りられるようになりました。では、どの金融機関に相談したらいいのでしょうか。都市銀行は融資してもらえる可能性が低いので、地元の地方銀行や信用金庫に相談しましょう。

「日本政策金融公庫」からの公的資金を考えている場合でも、親身になって相談に乗ってもらえます。さらに地方銀行や信用金庫は、各地方自治体による利子補給などの優遇政策にも精通しているのです。

地方自治体も自分のエリアで起業してもらい、税金を納めてほしいので、さまざまな特典を独自に用意していることが多いのです。2~2・5%ほどの低利で融資が受けられたり、返済の必要のない補助金を受けられる可能性もあります。おおざっぱにいって、開業資金の場合、サラリーマンが借りられるのは、上限が1000万円ほどです。

「日本政策金融公庫」というのは、国が運営している創業支援の一環です。新規創業に理解があり、自己資金が少なくても、条件によっては、1000万円ぐらい借りられます。金利はやや高い固定金利です。ケースによって異なりますが、2・5%ほどと考えていいでしょう。無

担保、無保証で認可も比較的、早く下ります。

　融資を受ける上で重要なことが、フランチャイズに加盟しているかどうかです。加盟していれば、フランチャイズの成功事例を加味して審査してくれるので、融資が非常に通りやすくなります。またコインランドリーという業種が人件費などの固定費がほとんどかからず、毎日現金収入があることがわかっているので、これも強みになるのです。フランチャイズから書類の書き方や面談のノウハウを教えてもらいましょう。

　残りの500万円は、フランチャイズから購入する機械類の支払いを分割にしてもらえれば、クリアできます。これであなたも一国一城の主《あるじ》、経営者になることができるのです。

6-4

借入金返済のケーススタディ

日本政策金融公庫総合研究所の「2016年度新規開業実態調査」によれば、新規開業をした人の資金調達先の割合は左図のようになっています。おおざっぱにいって自己資金が2割、融資が6～7割、親族などからの借金（出資を含む）が1割といったところです。

起業する場合、すべてを自己資金でまかなえれば、誰にも利子を払う必要がないので大変に有利ですが、借金をしたとしても、低利子の公的資金などを活用すれば、支払う利子はそれほど多くありません。

私たちは借金というと高利な消費者金融や住宅ローンをつい想像して、利子で大変なことになると思いがちです。確かに3500万円を35年ローンで借りた場合、たとえ金利が0・8%台であっても利子は500万円ほどになります。でも、それは長期で借りているために起ることなのです。

1000万円を金利2・5%で10年間借りた場合をシミュレーションしてみましょう。

毎月の返済額は9万4000円ほど、利子の総額は130万円ほどになります。意外と利子の総額が少ないと思った方が多いのではないでしょうか。これを4年で返済するとすれば、

新規開業における調達先ごとの借り入れ割合

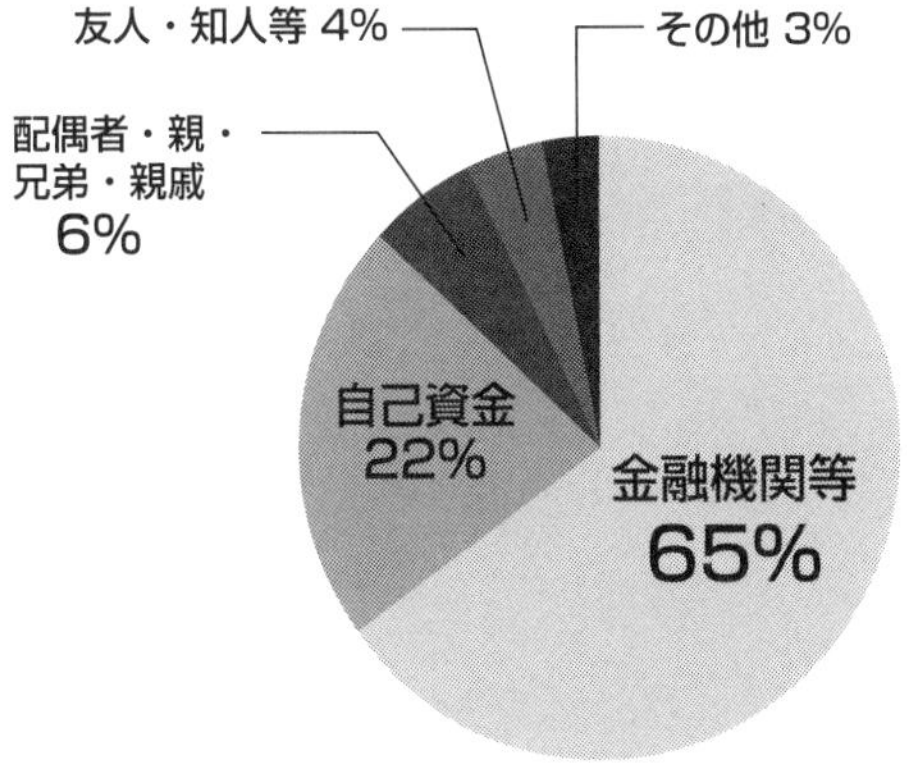

（注）１「配偶者・親・兄弟・親戚」と「友人・知人等」は借入・出資の両方を含む。
２「友人・知人等」には「事業に賛同してくれた個人または会社」「自社の役員・従業員」「関連会社」を含む。

出典：日本政策金融公庫「2016 年度新規開業実態調査」

月々の返済額は22万円弱となり、利息の合計は51万９０００円と10年の場合と比べて半分以下になります。早く借金を返済すれば、利子の総額は減りますが、月々の負担が増えることになります。

コインランドリーの場合、月の粗利益が最低ラインの40万円だったとしても十分に返済でき、さらに利息の総額は10年でも３か月分の粗利程度なのです。

コインランドリー・ビジネスを始めるには、50歳前後が最も理想的といえます。10年で借入金の返済と機械類のローンを終えれば、60歳の定年時からグン！と収入が増え、年金のない５年間を悠々とクリアできます。さらに５年後には年金も入り、理想的な老後が待っているのです。

資金集めの手順

【初期費用2000万円を用意する方法の例】
自己資金500万円＋公的融資1000万円。残りの500万円分は、
機械などの購入代金を分割払いにしてもらうことで解決。

まず、自己資金を500万円用意する。

↓

自分たちだけで集められない時は、
自分と妻の親兄弟、親戚などから借りる算段をする。

↓

500万円集まったら、低利の公的融資を受ける。
1000万円までなら借りられることが多い。
金利は2.0〜2.5%ぐらいだと考えておく。

↓

サラリーマンであれば、定収入があるので、
金融機関からの融資が受けられる可能性が高い。
さらにフランチャイズに加盟していれば、
フランチャイズの実績が加味されてより融資が受けやすい。

↓

利率2.5%なら1000万円を10年間借りても
月々の返済は9万4000円程度、問題なく返済できる。

↓

残りの500万円分は、機械類などの購入代金を
分割払いにしてもらえば、解決できる。

↓

**50歳前後に始めると
60歳定年時に返済が終わり、収入アップ。
年金支給の65歳までの５年間が悠々暮らせる。**

付録 1

コインランドリー 開店までの流れ

やった！ ついに先行投資金の自己資金分500万円がたまったぞ！
私達の預金とそれぞれの実家が出してくれた分
何とかかき集められたわね
これで1000万円の融資を合わせて
いよいよ開業に向かって動き出すのね！
おめでとう！
さてこれからどうすればいいの？
ええと開店までの大雑把な工程は事業説明会でもらった本によると……
パラ
こんな感じだね
パラ
①立地条件調査
（近隣の家の家族構成、人とクルマの流れの調査など）
②出店計画
（売上げ見込み、資金計画、融資の申し込みと契約）
③店舗工事
（日常的な工事の立会いも欠かせない）
④開店準備
（ポスティング等
⑤開店
なるほどわかりやすいわ！

出店する場所はほぼ決めたから…
新米の僕たちじゃ大切なことを見落としてるかもしれない
先にマンマチャオのFC（フランチャイズ）本部に相談してみよう
ここに建てようと考えてるんです
新規にコインランドリーを開業する場合立地条件は千差万別です
1つ1つの事例に対して場所の選定・市場調査・売り上げ予測を導きだした上で最適な設備機器の規模を提案する…
スーパー
頼もしいわ！
営業の方がわざわざ来てくれるなんてありがたい！
新規にオーナーになられる方の経験不足をフォローし開業指導することがFC本部の最初の大切な仕事ですから

いろんなFCの説明会に行ったけれど、必ずしもオーナーの利益を最優先で考えてるとは言えないFC本部もあったんです
コインランドリーのFC本部は洗濯機や乾燥機の販売代理店でもあるんですよね
最低でも洗濯機10台と乾燥機20台は必要ですね!
そうすれば月150万円以上の売り上げも見込めます!
その売り上げや設置工事費が大きいから必要以上に規模を拡大させて高額な機器をめいっぱい売りつけようとしたり
自分たちの収益にならない細々《こまごま》とした相談には投げやりで開業後のフォローに無関心で無責任だったり…
えっ…機械について詳しい情報ですか?
えーっと私は営業担当なので技術的な質問はちょっと…
そこまで勉強された上でわが社を選んでいただいて光栄です
だって自分で経営する以上FC本部の指導と協力を得ながらも
全ては自己責任になるわけですから誤ったFC本部の選定は命取りになります
そうですね開業場所の選定と設備計画の決定が運命の分かれ道です

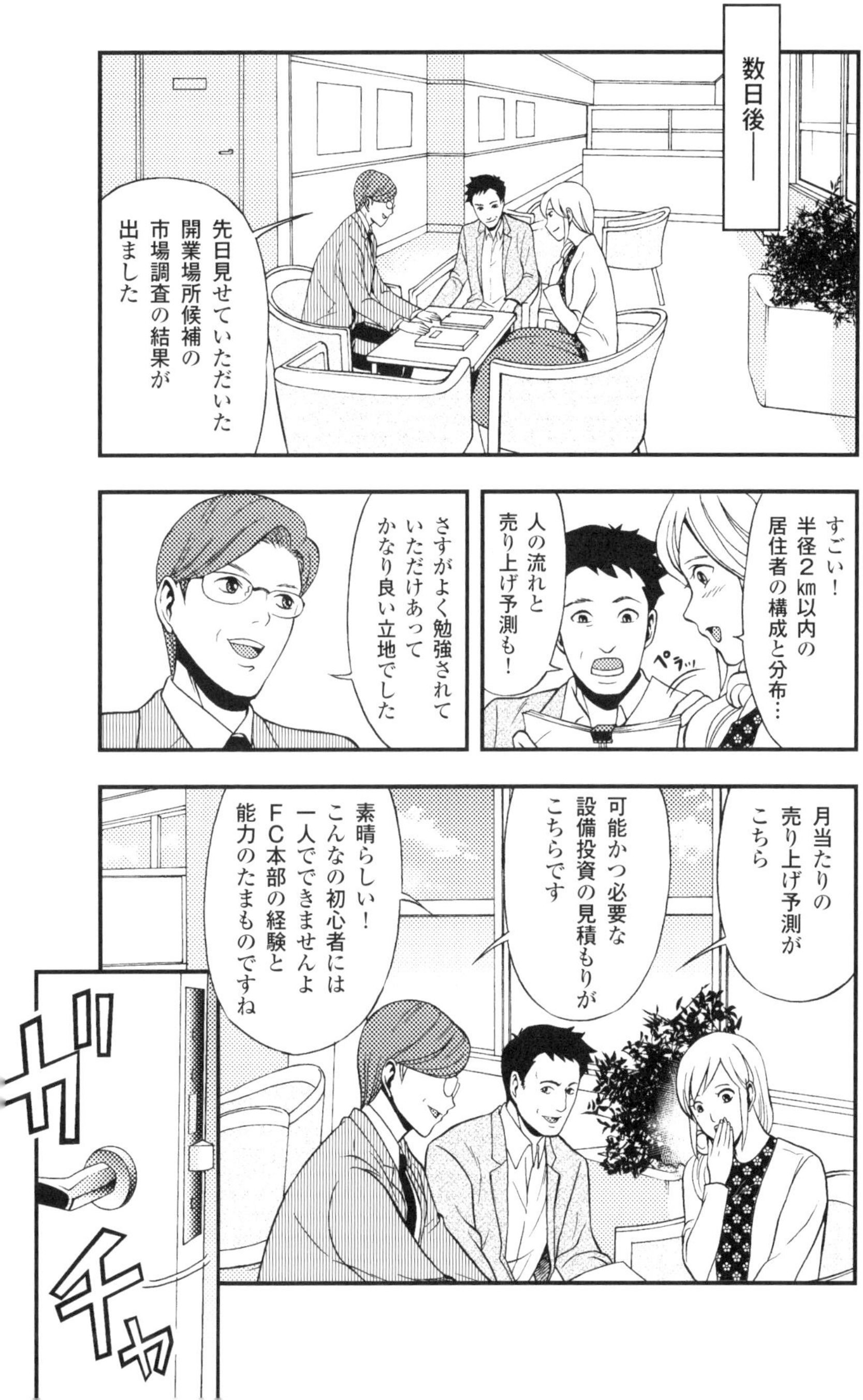
数日後――
先日見せていただいた開業場所候補の市場調査の結果が出ました
すごい！半径２㎞以内の居住者の構成と分布…
ペラッ
人の流れと売り上げ予測も！
さすがよく勉強されていただけあってかなり良い立地でした
月当たりの売り上げ予測がこちら
可能かつ必要な設備投資の見積もりがこちらです
素晴らしい！こんなの初心者には一人でできませんよFC本部の経験と能力のたまものですね
ガチャ

ザッ
あっ
あの人は…
ガタ
三原社長！
おや！
以前説明会に来て
くださった方ですね！
わが社を選んで
いただけたのですね
対応は
いかがですか？
はい！
餅は餅屋ですね
お願いして
良かった！
次は売り上げ予測に
基づく資金計画を
立てるところなんです
そうですか
ではご一緒
しましょう
コインランドリー事業は
設備産業です
開業後の月々の
運転資金は大したことが
ありませんが
初期投資ともいえる
出店費用は…
結構な金額ですよね
最低でも
1000万円とか

コインランドリーはコツコツと確実に利益を残します
機器の寿命は20～30年 メンテナンスが良ければ40年経っても現役で活躍できます
開業段階での先行投資金額の大半がこの機械設備に姿を変えているわけなので
過剰な設備投資は無駄そのものですがケチりすぎると長年にわたって膨大な機会損失になってしまいます
ですから最適な初期投資を、慎重の上にも慎重を重ねて計画していきましょう
はい!
あの 融資を頼むのも初めてでハードルが高いんですが融資相談はどの銀行に行けばいいでしょう?
地元の地方銀行や信用金庫がおすすめです
都市銀行は融資を受けられる可能性が低いですし
日本政策金融公庫など公的資金からの借り入れを考える場合でも
まずは地元の地方銀行や信用金庫に行くと親身になって相談に乗ってもらえます
その地域の保証協会の融資や各地方自治体による利子補給などの優遇政策にも精通していますしね
そうなんですか! 心強いな

開業資金融資などのおよその借入限度額の目安は
上限が1000万円程度で本人の準備できる自己資金と同額以内です
僕は500万円準備できるから500万円以内ってことか
でもやっぱり貸してくれるか心配だなあ
大丈夫です
ご夫妻には給与所得がありますよね？
金融機関に対しそれは大きな信用になります
もし不測の事態に陥ったとしてもそこから少しずつ返済してもらえる保証があるわけですから

さらにコインランドリーは人件費がほとんどかからず毎日現金収入がある確実な貸出先です
FC加盟も強みで過去の成功事例に基づく出店ですから堅実性がさらに増す
ドン
どこから見ても安心して融資できる貸出先ですから
堂々と相談に行ってください
わ　わかりました！
ありがとうございます！

市場調査

開店までのスケジュールを簡単に紹介すると次のようになります。

①立地条件調査…半径2㎞以内の商圏の家庭の家族構成や人とクルマの流れ、競合店の有無、競合店の売り上げなどを調査する。

②出店計画…売り上げ見込みを算出し、資金計画を立てる。また融資の申し込みをし、受けられたなら契約する。

③店舗工事…自分の構想と合致して工事が進行しているかを毎日、チェックする。

④開店準備…ポスティングなどで商圏内に告知し、オープニングセールの準備をする。

⑤開店…フランチャイズ本部からの応援を交えてお客様を迎える。

この中で①の立地条件調査は、個人では難しいし、また素人の調査では不十分だったり、不正確になることも多いので、フランチャイズ本部の専門家に任せるべきです。調査では、一戸建て住宅が多いのか、マンションが多いのかなども調べます。さらに家族構成も明らかにしていきます。夫婦二人の家族や、子供が一人いても洗濯できる時間的余裕がある主婦は、自宅の洗濯機を使い、コインランドリーはあまり使いません。やはり、4人以上で共働きの家庭の利

用率が最も高いのです。すでにある近隣エリアのコインランドリーの位置と規模、さらに、どの程度の売り上げがあるのかも見ておきます。

このように市場調査も踏まえて売り上げ見込みを算出するのですが、これはとても一人でできることではありません。フランチャイズの蓄積された知識と能力を大いに活用しましょう。売り上げ見込みができれば、資金計画も立てられます。

さて工務店は、地元から選びましょう。コインランドリーは地元に密着した商売なので、何事も地元を優先するようにしましょう。特に工務店の社長は地元の名士だったりして顔が広く、味方にしておくと宣伝してくれたり、便宜を図ってくれるものなのです。

付録
1-2

オープニングセールは10日間

開店時には、オープニングセールをしましょう。これには「あなたの家の近くにコインランドリーができました」という告知と、まだコインランドリーを利用したことのない顧客を掘り起こすという2つの意味合いがあります。そのため、最も有効なのが、単純ではありますが、主婦層にアピールできる「値引きセール」です。特に100円セールはオープニングの目玉になります。まずはお試し価格で、顧客を引き寄せるのです。

セール期間は10日間をお勧めします。「長いな」と感じる人もいるでしょうが、ターゲットは仕事を持っている主婦です。彼女たちは、洗濯物を溜めて一週間分の洗濯を一度にすることもありますが、パートのシフトなどによって土日が必ずしも休みとは限りません。ですから平日もセールをする必要があるのです。10日間のセールだと、いちばん需要がある土曜日・日曜日を2回含めることができるのです。この告知には、主に家庭のポストに個別にチラシを配布するポスティングが最適です。狭い商圏に有効な他の宣伝方法に「折り込みチラシ」がありますが、最近は新聞の購読数が減っているので非効率です。

開店までに、オーナーのあなたや奥さんも機械の使い方やメンテナンスの技術、洗剤の補

オープニング告知チラシ（一例）

100円オープニングセール開催の旨が記載されている

充、フィルターや店舗の掃除など、ひととおりのことはできるようにしておきましょう。

さあ、いよいよ開店です。あなたがオーナーであることを知ってもらうチャンスです。笑顔で丁寧に応対し、よい印象を持ってもらいましょう。このときは家族や本部の応援も心強い味方になります。最近は農産物も生産者の顔写真付きで売られることが増えましたが、主婦にとって「顔が見える」ことは「責任を持っている」証《あか》しなので信頼に直結するのです。

「この量でしたら、この洗濯機の方がお得ですよ」「このシャツでしたら乾燥のあと、ハンガーにかけておけば、アイロンはいらないですよ」といったアドバイスをし、自分が洗濯のプロであることをアピールしましょう。

付録 1-3

設置機器の選別と配置

コインランドリー成功の要因は立地条件と設備だと何度も申し上げていますが、いよいよ、どのような洗濯機・乾燥機をどれだけ置くかということに言及したいと思います。業務用洗濯機にも容量ごとに、10キロクラスの小型機から20キロを超える大型の27キロ、36キロクラスまでさまざまな種類があります。一番稼働率が高いのは15キロから18キロの中型機ですが、稼働率が高いからといって中型機だけを置いてもお客さんは納得しません。「中途半端な大きさの洗濯機しか置いていないコインランドリーだな」というイメージを持たれてしまい、結果的に客足が遠のいてしまいます。

スーパーでは、需要の多いものの品揃えは厚くするにしても、高いものから安いものまでバランスよく陳列して、お客さんが自分に最適なものを選んだと納得してもらう努力を怠りません。コインランドリーも、小型機から大型機まで、バランスのとれた設置が必要です。乾燥機は中と大の2種類がありますが、これも両方をそろえておく必要があります。

実は、コインランドリーの売り上げの7割は乾燥機による収益です。家庭で洗濯だけをし、水分を含んだ重い洗濯物を持って、乾燥機だけを使う利用者も少なくないのです。日によって

店内見取図（一例）

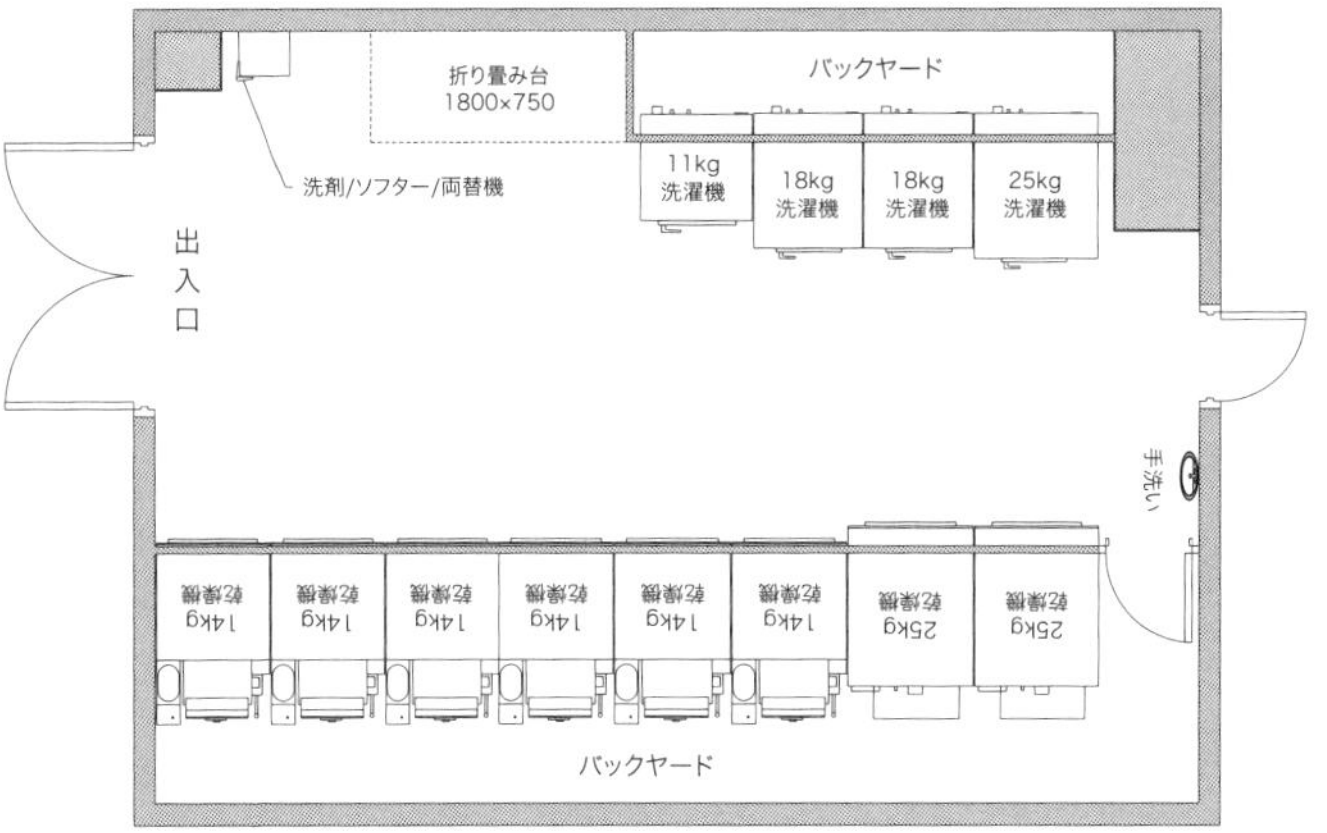

容量別に洗濯機・乾燥機が整然と並ぶ。裏のスペースはバックヤードとして活用

は８～９割が乾燥機による利益ということもあります。だからといって、乾燥機だけを置くようにしたら、やはりバランスを欠き、利用者の大半はいなくなってしまいます。

店舗設計での注意点ですが、表から店の中がすべて見渡せるガラス張りが理想といえます。大きく開放された明るい雰囲気のエントランス、整然と並び、種類が豊富で使いやすそうな洗濯機と乾燥機、洗濯物を畳みやすそうで清潔な作業台などが、主婦に好感を持ってもらえる条件です。多くの主婦は、第一印象でここが自分にふさわしい空間かどうかを判断するのです。どんな洗濯機・乾燥機があるか。料金はいくらか。使いかたは？　これらのことが説明書なしで、一目でわかるようでなければ、主婦は使ってくれません。

付録1-4

看板・照明・冷暖房

オーナーにとって開店したコインランドリーは、やっと持てた自分の城です。自分の個性やセンスなどを前面に押し出したいという気持ちはよくわかります。自分の経営理念を反映した店名やオシャレなディスプレイ、ゆったりとしたソファ……しかし、それが失敗につながることが実に多いのです。

よくある失敗が、何をしているのかよくわからない店名を付け、上品でセンスはあっても、目立たない看板を設置することです。喫茶店やブティックなどの他の業種だったらいいのかもしれませんが、コインランドリーでは致命的です。このような店舗作りは、単にオーナーの自分勝手な思い入れと自己満足に過ぎず、なんの利益ももたらしません。看板の役割は何より、ここに「コインランドリーがある」という告知なのです。利用者にとって、店の名前など、どうでもよく、顧客のほとんどが店名など知らないのです。この考え方は「ブックオフ」の「本」、コンビニの「酒　たばこ」という看板にもよく表れています。

コインランドリーの看板は「大型コインランドリー」のような文字が大きく目立つ配色で書かれているのがいいのです。それだけあれば、「一度使ってみよう」「今度布団を洗ってみよ

店舗外観（一例）

店名よりも目立つ、大きくわかりやすい「大型コインランドリー」の文字

うか」ということになるのです。

オーナーさんの中には電気代を節約するために、照明を暗くしたり、冷暖房を弱く設定したりする人がいます。しかし、これは絶対やめましょう。まず、薄暗い店内では主要な顧客である女性が入ってくれません。危険があるかもしれない暗がりに女性は入ってはくれないのです。

また、店内の冷暖房も同様で、夏は28℃、冬は18～20℃に設定しておきます。快適でないと主婦は使ってくれません。24時間営業でなくても、エアコンは今は自動設定なので、つけっ放しの方が実は電気代がお得な場合が多いのです。一度消してしまうと、急いで温度を上げたり下げたりする必要が生じるために電気代がかえってかさみます。

まとめ

開店までの流れと注意点

開店までのスケジュール

① **立地条件調査**…商圏内の家族構成、人やクルマの流れ、競合店

② **出店計画**………売上見込みの算出、資金計画、融資

③ **店舗工事**………地元の工務店に。工事のチェック

④ **開店準備**………オープニングセール、チラシの配布

⑤ **開店**

開店のときの注意点

- オープニングセールは「100円セール」のような値引きが効果がある。土日が2回くるように10日間ほど行う。

- 洗濯機も乾燥機も稼ぎ頭の機種だけでなく、バランスよく設置する。

- 店舗設計はガラス張りにするなどして外からでもどんな機械があるか一目でわかるようにする。

- 看板はコインランドリーであることが一目でわかる、目立つ配色にする。

- 照明や冷暖房の電気代をケチらない。

付録2

コインランドリー運営の基礎知識

ついにできたわね
私たちの副業
コインランドリー
1号店！
eco-laundry
大型コインランドリー
墨俣一夜城か
夢の城か
ってとこだな
SFっぽい
かっこいい！
すごーい
きれい！
さて
いよいよオープニング
セールだけど……
大丈夫
主婦の目線から
私と営業さんで
計画はバッチリよ
はい！

コインランドリーは基本営業活動の必要が無い業種ですが、存在が知られなければ誰も利用しません
オープニングセールの徹底利用で知名度を高めるのが大事です
出だしが肝心第一印象が命ってことか
それで考えたのがオープニングセールのお試し価格でお客さんを引き寄せる！
100円セールよ！
ばんっ
ご家庭でなかなか洗えない
大物洗濯が便利！
オープン記念
セール100円
主婦は100円ショップが大好きだから魅力抜群だと思うの
でもオープニングセール10日間って長くない？
このお店のことをじゅうぶん周知させるためよ
キャリアママは土日でないと来店できない人も多いでしょ
なるほど10日の間に土日が2回あるわけか！
さすが主婦目線！

でもコインランドリーって無人でしょ？
機械の操作簡単だけど機械音痴の人もいるしここの説明文だけで大丈夫？
その点も大丈夫！
新規オープン時にはお客さんのさまざまな質問に答えられる人員の配置も必要だから
ママ友にオープニングスタッフのアルバイトをお願いしたわ
さすが！
初めてお店に入った時ににこやかに迎えてサポートしてくれるスタッフがいれば
オープニング時だけとはいえ親しみを持ってもらえますからね
しかも先輩FC経営ママ・新井さんも手伝ってくれるって
ほらちょうどこの間マンマチャオのオーナー会があったでしょ？
うん開業前のひよっこオーナーならぬ卵オーナーだけど乱取さんにも会えるし行ったよね

あーっ
新井さん!?
まあ
荒熊さんもFC本部に
マンマチャオを
選んだのね
うふふ
気が合うわね
どこに
出店したの？
まだこれから
なんですけど……
そう
マンマチャオの機械なら
慣れてるから
オープニングセールを
手伝ってあげるわ
声をかけてね
わあっ
百人力です！
機械の操作方法を
教えるだけじゃ
ないわ
お客さんに
コインランドリーの
上手な利用法とか
主婦ならではの知恵
アッと驚く意外で便利な
使い方など……
暮らしのヒントを
提案することで
利用頻度を高めたり
新たな顧客を生み出す
きっかけにもなるの
すてき！
コインランドリーが
ただ洗濯するだけの
場所じゃなく
ライフスタイル・
コーディネートの場に
なりますね！

そりゃ頼もしい助っ人だ！
人脈のたまものだな
あとオープニングセールの告知に欠かせないのが
コインランドリーオープンを告げる店頭の飾りつけとポスティングによるチラシの配布ですが…
バッチリよ！
チラシのデザインは花音が手伝うもの
エッヘン
ポスティングのバイトもしたことがあるのでそこに頼みました
たいがいのチラシはその日のうちに捨てられるので土日を中心に曜日を変えて最低でも同じ家に2回以上季節の変わり目ごとにも入れてもらう予定です
働き者のママがいろんなパートをしていたのがウチのコインランドリーの強みになってるね
パパの安定したお給料もよ
信用ある会社に勤めているというので銀行が快く融資してくれたもの

そのチラシもらえるかな
野球部のマネージャーが
欲しいって
ええ
もちろん!
オープニングセールに
向けて頑張るぞー!
大型コインランドリー
エイエイオー!
そして
オープニングセール当日——
eco-laundry
大型コインランドリー
きれーい
かわいい
お店ー
ガャ
ガヤ

す
すごい列……!
大成功よ！荒熊さんの頑張りが実を結んだわね
あとはこの人たちにリピーターになってもらうこと！客層や季節に応じた細かな対応…
干しはカビやダニの原因です
季節
~5月
干しでは花粉だらけです。
インランドリーなら花粉が付
7月
行のあとはスーツケースこ
一気に全部、洗濯しましょう
8月～10月
台風と運動会のシーズンです。
この時期の心強い味方がコインラ
10月～12月
衣替えと大掃除の季節です。
しまう前、着る前に洗濯と乾燥でスッキリきれいにしませんか？
ダウンジャケットやスキーウェアにはコインランドリーがピッタリ!!
たとえばこんな提案ね
いいですね！
STAFF
あらくま
すみませんこの乾燥機の使い方…
はいただいま！
まあ簡単なのね
スタッフがいないときもこちらの電話でコールセンターに…
ランドリーコールセンター
0120-××-××
eco-laundry

便利な場所に
コインランドリーが
できてくれて嬉しいわ
おかげで仕事にも
家庭のことにも
時間を取れます
ニコッ
ありがとう
カァァァァ
こちらこそ!
ありがとう
ございます!
eco-laundry
大型コインランドリー

付録 2-1

宣伝はポスティング

半径2㎞が商圏であるため、コインランドリーの最も効果的な宣伝は、ポスティングによるチラシの配布です。オープニングの告知のチラシも土日を中心に曜日を変えてポスティングをすると効果的です。

たいがいのチラシは、その日のうちに捨てられてしまうので、最低でも同じ家に2回以上、開店予告と開店告知のチラシをポスティングしてください。枚数的には1万～2万枚程度は投函すべきです。ポスティングには専門の業者を使います。一枚5円前後が相場のようです。印刷費も同額ぐらいですので、一回1万枚を配布すると10万円ほどかかります。

チラシの配布は、オープニングのときだけでなく、定期的にこまめにするようにします。季節ごとに次のような提案をお客さんにすることができます。

①花粉症の季節。外干しでは花粉だらけ。コインランドリーなら花粉がつきません。
②旅行のあとは、スーツケースごと持ってきて、一気に全部、洗濯しましょう。
③梅雨ですね。部屋干しはカビやダニの原因になります。コインランドリーの出番です。
④暑い日が続きます。汗くさい洗濯物はコインランドリーできれいにしましょう。

⑤秋は台風と運動会のシーズンです。この時期の心強い味方がコインランドリーです。

⑥衣替えは終わりましたか？ しまう前、着る前に洗濯と乾燥でスッキリきれいに！

⑦大掃除の季節、大物はコインランドリーがお得で便利です。

⑧ダウンジャケットやスキーウエアには、コインランドリーがピッタリ。

これ以外にも１００円均一の特別割引キャンペーンは効果があります。また、「環境にやさしく、アトピーにも安心な洗剤と機器を使っています」といった他社との差別化を図ったものやその地域の行事に根差したもの、親しみのある手書きのチラシなど、定期的で、地道なポスティングが顧客獲得に役立つのです。

付録
2-2

掃除をする利点

繁盛店は例外なく清潔です。洗濯物は繊維の束ですから、いつの間にか、機械の下や店の片隅には、綿ぼこりが積み重なっています。また、洗濯機や乾燥機の中にクリップや紙くずが残り、機器の故障の原因になることもあります。最低でも、一日一度の点検と掃除が欠かせません。そのためにはアルバイトを雇って一日一回は掃除してもらいましょう。

「アルバイト代がもったいない。自分でできる」とおっしゃる方もいますが、あなたには本業があるわけですから、どうしても忙しくて掃除に来られないこともあるでしょう。カゼを引いて体調不良のときや、急な用事があるときもあるでしょう。人間はどうしても自分を甘やかしがちです。自分の店なので、つい「まあ、一日ぐらいいいか」とサボってしまうこともあります。でもアルバイトならそんなことはないのでいつも清潔に保たれるのです。もし食べ物のカスなどがあってゴキブリが出たりしたら、それこそ、ゴキブリが苦手な女性は二度と来てくれなくなります。

また、掃除するためにあなたが店にいることも重要です。その間に来たお客さんとのコミュニケーションが図れるからです。「このぐらいの量ならこちらの洗濯機で十分ですよ」「これ

日曜日は夫も
協力してくれるので
普段行き届かないところも
しっかり大掃除です
あれっ
雨が降ってきた
えーっ！
傘持ってきて
ないのに

だと乾燥機は２つに分けて入れた方がよく乾くし、時間もお金も節約できます」とお得な情報や方法を教えたりして、よいイメージを持ってもらうこともできるのです。

掃除を自分でするのと同じように、ポスティングも自分で年に何度かはやってみることをお勧めします。未経験の人は恥ずかしい気持ちがあるでしょうが、一度やってしまえば、自分の店を繁盛させるためですから、むしろ楽しくなります。

その際に、配布先の家の人に会ったらきちんと挨拶し、「○○スーパー近くのコインランドリーです。１００円キャンペーンやってます。一度お試しください！」などと声をかけるようにしましょう。地域の人たちに自分の存在をアピールすることは大切です。

付録
2-3

駐車場の重要性

コインランドリーでは、駐車場が重要です。家族4人分の洗濯物も一週間分だと20キロにもなります。そうなると女性は、幾度にも分けて運ばなければなりません。ですから最大でも20歩以内で店に入れる位置に駐車場を設置できるのが理想です。

コインランドリーの魅力の一つが、大物を洗えることですから、毛布や布団、こたつ布団などが運ばれることもあります。そういうときは、駐車場から入口までの数歩の違いが大きな利便性の差となって選ばれたり選ばれなかったりするのです。

8割の利用者がクルマで来店しますから、店の看板だけでなく、駐車場の位置も30m以上手前から見えるようにしなければなりません。駐車場の看板が見えにくいと駐車場がないと思われて素通りされてしまいます。お店の位置もどこに駐車スペースがあるかも、遠くから目立ち、一目瞭然でなければなりません。

運転が苦手な人は、店の位置や駐車場に気づかずに通り過ぎてしまうことも多いのです。駐車場が停めにくいから、少し遠くの別のコインランドリーを利用するという人もいます。縦列駐車しなければならないスペースなどに設置するのは避けましょう。

誰でも停めやすい駐車場

ショッピングセンターに隣接してコインランドリーを開業する場合は、ショッピングセンターの入口近くがいいとは限りません。駐車場はショッピングセンターの入口近くから埋まっていきます。すると後から来たコインランドリーの利用者は、駐車してあるクルマの隙間を大きな洗濯物を持って歩かなければなりません。

それならショッピングセンターの入口からできるだけ離れたところにコインランドリーを作った方が利用者にとって便利になるのです。このように、頭の中だけで考えるのではなく、実際に利用者がどのような行動をするか、シミュレーションしてみることが大切です。経営者は、とかく自分側の論理で物事を考えがちです。利用者の視点で考えるようにしましょう。

付録
2-4

その他、運営の注意点

その他にも、注意点がいろいろあります。まず、地代交渉です。地代は固定費なので月1万円安くなれば10年で120万円の差になります。地代を値切っても土地や建物の品質が悪くなるわけではないので、納得いくまで交渉しましょう。フランチャイズの営業マンは地代交渉のプロであることが多いので、交渉をお願いするのもいいでしょう。

アルバイトを雇う際にもいくつかの条件があります。まず、コインランドリーを使ったことがあり、その利便性を知っていることです。雇うのは地元の主婦にしましょう。できれば、社交性があって発信力がある人が理想です。つまり、単なるアルバイトではなく、コインランドリーのよさを広めてくれる人材として活用できれば最高です。また彼女から地元の情報を聞けるというメリットもあります。

ガスはプロパンガスがお薦めです。都市ガスだと配管工事に200万~300万円かかることもあります。さらに、プロパンは交渉次第で都市ガスより安くなる可能性があります。これも地代と同じで値切ってもガスが薄くなるわけではありません。このように節約しても品質に影響がないところは「これでもか」というほど節約するようにしましょう。

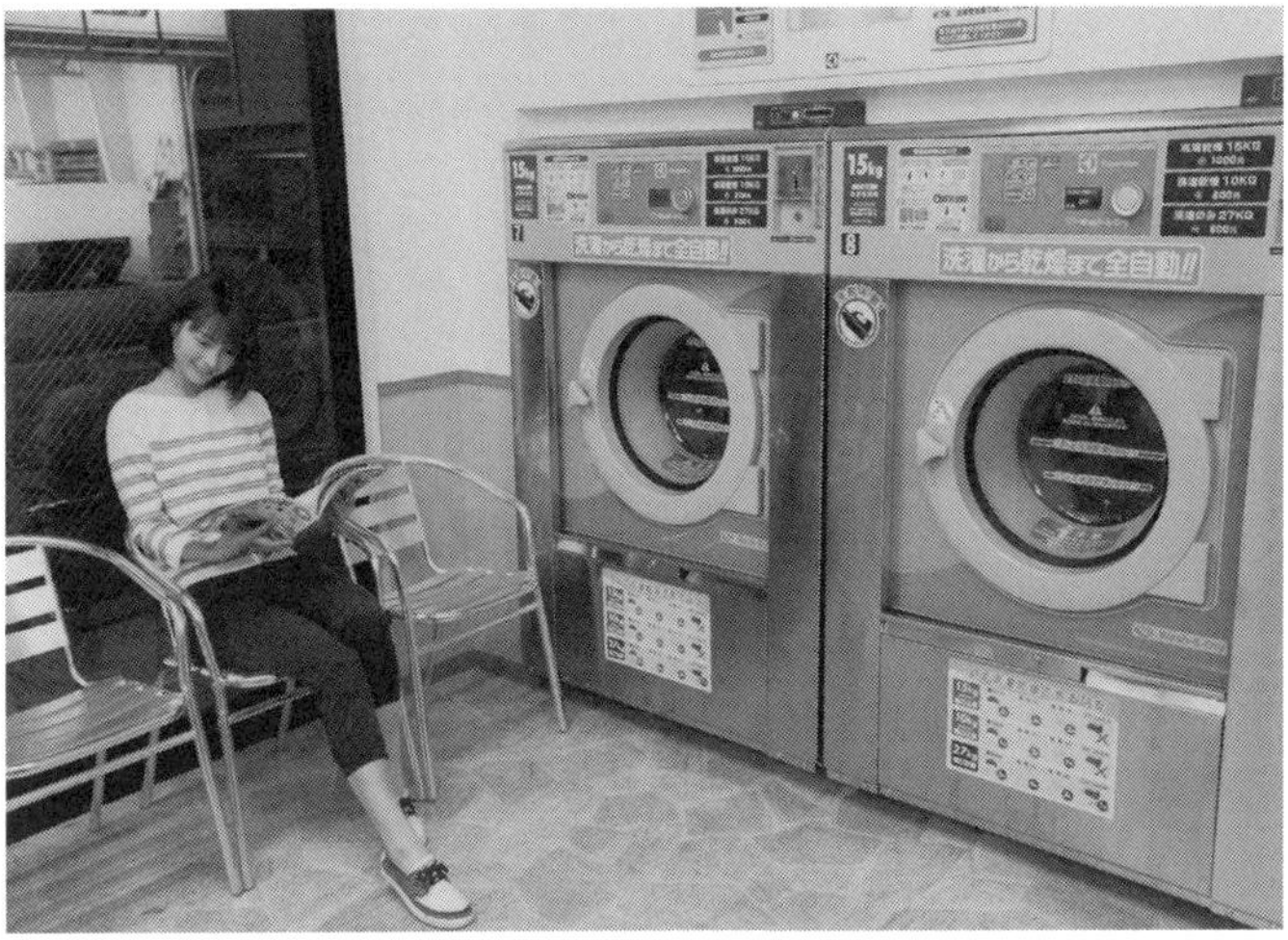

月刊誌を読むのが習慣になることも

洗濯機や乾燥機は耐久性に優れていて20年、30年と使えます。では、中古品を安く手に入れた方がいいのでは？　と思う方もいるでしょう。しかし、実は業務用の洗濯機や乾燥機は、中古でもあまり安くはならないのです。耐久性が高いので、中古品でも値段があまり下がらないのです。ですから、品質を維持するためにも新品がいいということになります。

利用者の多くは長居しませんが、中には店内で時間を潰す人もいます。ですから、主婦向けの月刊誌や子供向けの本を何種類か用意しましょう。「あそこに行けば『LEE』がタダで読める」そんなちょっとのことが来店の動機になるのです。夜中だと、洗濯機の音が怖いと感じる女性もいます。リラックスできる音楽が流せる環境も整えておきましょう。

コインランドリーを運営するときの注意点

宣伝はポスティング

オープニング時だけでなく、
宣伝は最低でも四季の節目に。
100円キャンペーンや、花粉対策、
ダニやハウスダスト撲滅などの
提案型のチラシで顧客を開拓。

清　掃

掃除はアルバイトを雇って必ず一日一回以上する。
オーナーも掃除をして利用者に認知してもらう。

駐車場

単に台数をそろえるだけでなく、
主婦が停めやすいスペースにする。
駐車場から店の入口までは20歩以内。
実際に利用する状態をシミュレーションして
利用者視点で利便性を追求。

その他

アルバイトには地元の主婦を。
値切っても品質が変わらないものは値切る。
店内は快適に。

付録 3

愛され続ける
お店・人気の秘密

初めての
コインランドリー経営
開業まではドキドキでしたが
FC本部と多くの方に
ご協力いただいたおかげで
オープンセールは大成功――
ゴウン
ゴウン
ゴウン
ゴウン
リピーターもついて
経営は安定しています
良かった！
先日は二度目のオーナー会に
出席して新しいお友達が
たくさん増えました
あはははは
あはははは
みんな頑張ってるから
私たちも頑張らなくちゃ！
お客さんが多く
お店が汚れるのも早いため
定期的に掃除をしています
お客さんに
喜んでもらえるには
清潔第一ですからね！
多いときは
一日に二度掃除していますが
好きな時間に来られるので
時間を縛られている
パートよりずっと楽です
それに…
洗濯物の量は
タオルケット3＋
一家族分の
一般衣料一日分

あの…
その量でしたら
9キロの洗濯機で大丈夫ですよ
200円お得です
そうなんだ!
ありがとう
ございます!
あ!
このお店の方
ですか?
いつもきれいにして
いただいて嬉しいです
赤ちゃんの洗い物も
このお店なら安心して
洗えます
こんな嬉しい
言葉も……
ピロリロー
もしもし
あっ
マンマチャオさん
ですか?
もちろん油断は
できません
せっかくの副業
赤字では意味が
ないので
売り上げ予測を
こまめにFC本部と
話し合ってよりリスクの
少ない経営のため日々
努力しています
荒熊さんのコインランドリー
すっかり軌道に乗りましたね
私もホッとしました

荒熊さんのお店が女性一人でも安心して利用できると人気でFC本部でも話題でして…
ほんとですか？町で見かけたすてきな喫茶店を参考に一生懸命考えたので嬉しいです
そこでそのノウハウを本部にフィードバックしてほしいのです
えっ!?
わ私がノウハウを教えてもらう側ですよね!?
いいえ今や本部の心強いパートナーとして頼りにされているんですよ
それがFC経営の醍醐味です FC本部は初心者のオーナーを支える一方才能あるオーナーたちの力に支えられて皆で盛り上がっていくんです
こ光栄です！

日曜日は夫も協力してくれるので普段行き届かないところもしっかり大掃除です
あれっ 雨が降ってきた
えーっ！傘持ってきてないのに
あれっ そこの角のコインランドリー潰れたんだ？
ええ このお店にお客が集まるからおいしい立地だと思って建てたみたいだけれど…
うちより新しいしお客さんもたくさん入ってたみたいだったのになぜだろう
立地や店のデザインが悪いとかは問題外だけれども
防犯をきちんとしていなかったみたいなの
それで繁華街帰りの若者のたまり場になって
主婦客は怖がって寄りつかないし両替機もたびたび壊されてお金を盗まれてたんですって

それは気の毒だったね
うちは防犯カメラも設置しているし掃除のたびに集金に来るからお金なんてほとんど入ってないからいいけど…
ええ24時間営業は便利だけど防犯をしっかりしないとダメね
やっぱり慎重にFC先を決めて正解だったなあ
それにこういう店は一番乗りした所にお客さんが集まるから…
eco-laundry
大型コインランド
先行者が有利で後発は分が悪かったのかもしれないし…
何より定期的に掃除に来てお客さんに親切に対応してくれる名物オーナーの人間力が大きいんじゃないかな
そ そんなことっ
カァァ
日曜はオーナーの旦那さんも掃除手伝ってるのね優しいなあ～
仲も良いし理想の夫婦ねウチもあんな風になりたいわ

ザァァ
わあ
雨が降るとお客さんが増えるねえ!
ザワ
ザワ
家で何度も
洗濯機を回して
車いっぱいに洗い済みの
洗濯物を詰めて
乾燥機だけ使いにくる
お客さんも多いのよ
だから雨の日は
売り上げの9割が
乾燥機ってことも
あるわ
それにしても
コインランドリーって
すごいなあ
そうね
だってどんな商売でも
雨だと客足が遠のくのに
コインランドリーは
雨のほうが儲かるんだもの
うわああああ
ほーらもう泣かないの
もうおねしょどこにも
ナイナイよ
ね?

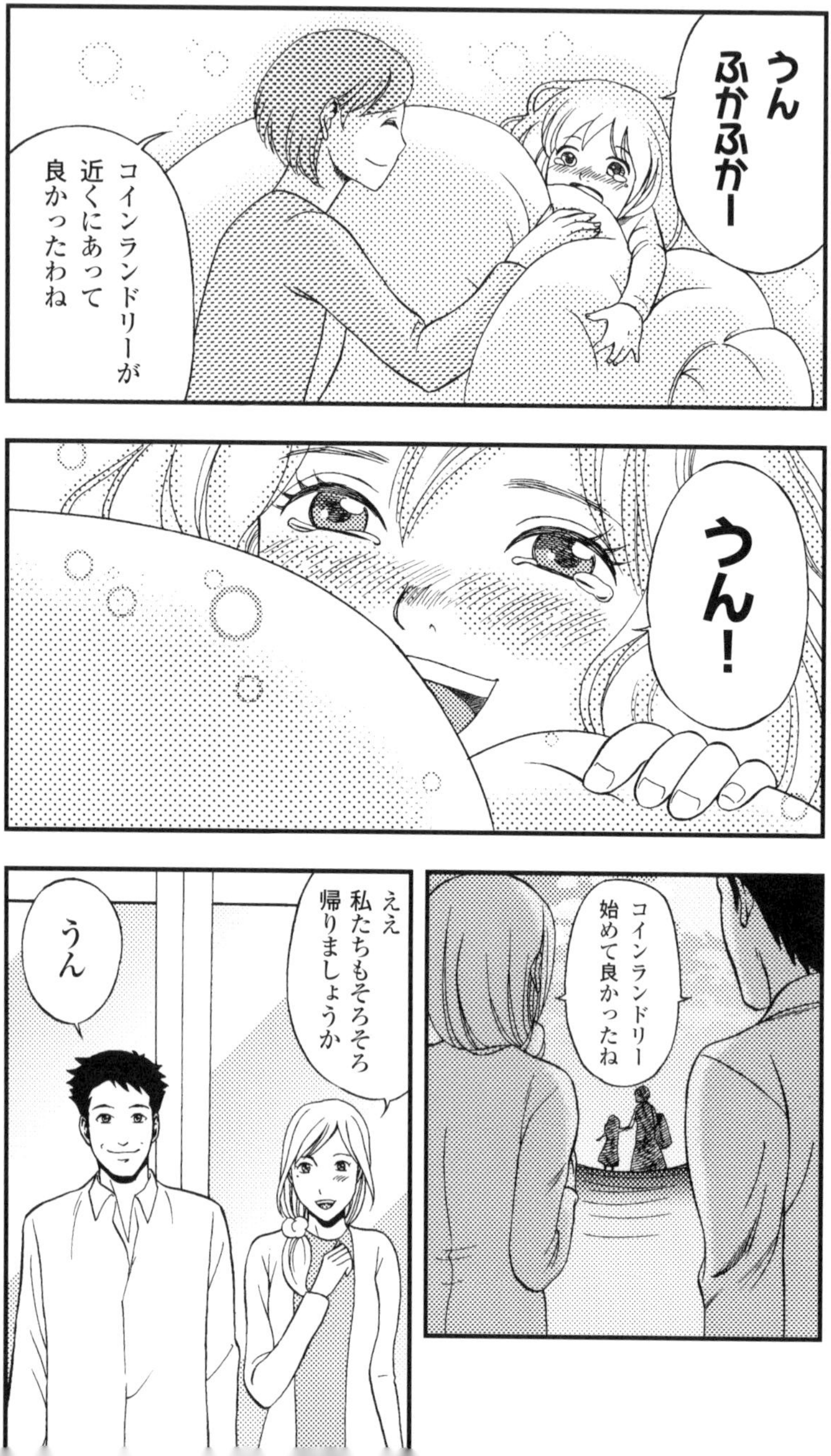

うん
ふかふかー
コインランドリーが
近くにあって
良かったわね
うん!
コインランドリー
始めて良かったね
ええ
私たちもそろそろ
帰りましょうか
うん

お疲れ様ー！
秀太！花音！
ありがとう傘持ってきてくれたのか！
うん でも雨上がっちゃったみたい
あっ 見て！

付録 3-1

コールセンターと返金システム

オーナーにとって、クレームの処理は頭の痛い問題です。クレームの電話は24時間365日かかってきます。これにオーナーが直接対応していたのでは、心身ともに消耗してしまうでしょう。そこで強い味方となるのが、コールセンターの存在です。クレームに不慣れな人が応対するとつい感情的になって事態をこじらせてしまったり、クレーマーのいいなりになって金品を差し出したりしないとも限りません。その点、コールセンターのスタッフは全員がクレーム処理のスペシャリストです。

クレームの多くが、機械が故障して動かなくなったり、コインが詰まったりというトラブルに関するものです。その内容は、「今すぐ返金してくれ」といったことがほとんどです。このとき、「では、後日、返金いたします」と応対しても顧客は納得しません。「今すぐここへ来て、金を返せ」と要求するのが、普通です。もし、それで引き下がってくれたとしても、不快な気持ちは残っていて、場合によっては二度と使ってくれません。

そんなとき、遠隔操作で返金するシステムが役立ちます。コールセンターのスタッフがパソコンからインターネットを使って両替機を操作し、返金することができるのです。即時に返金

遠隔返金システム

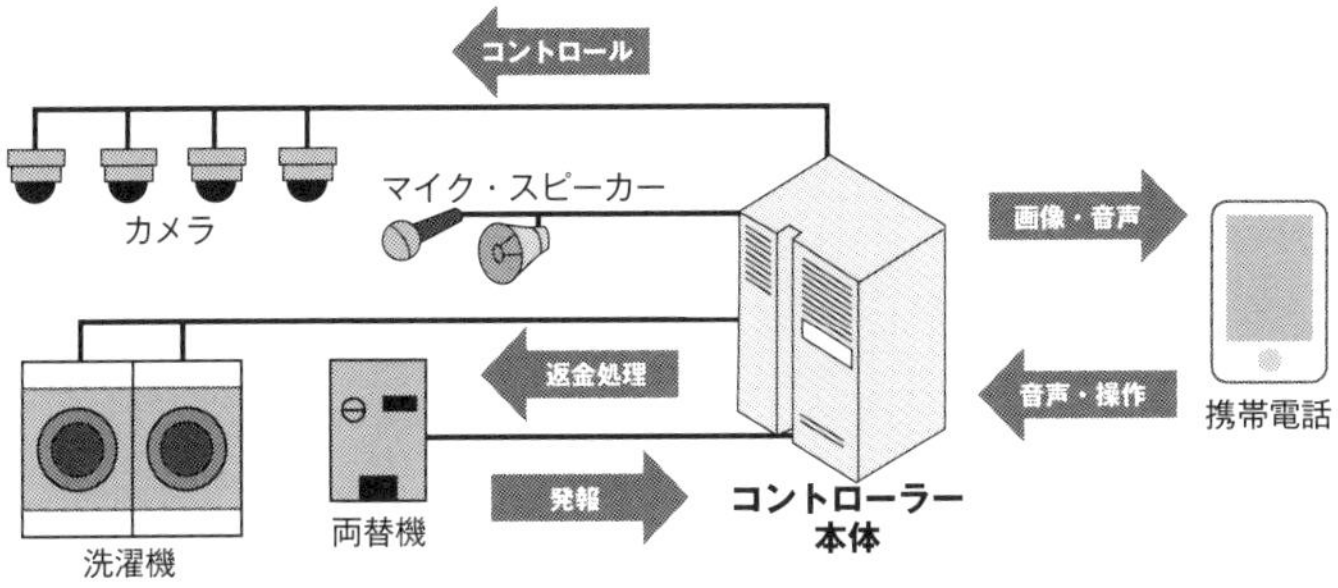

できるので、顧客も納得し、対応に満足します。また同じようにインターネットで機械を再起動することもできるので「洗濯機が止まってしまった。今すぐ動かしてくれ」といったクレームにもすぐに対応することができるのです。

　このようなクレームの報告は、オーナーにはファクスで送られます。すでに迅速に処理が済んでいるので、ファクスで問題ありません。また、機械の故障の場合は、修理スタッフにメールが送られます。するとスタッフは朝、修理に行くことができるのです。このシステムを利用すれば、オーナーがファクスで機械の故障を知ったときには、すでに修理が終わっているということも多いのです。コールセンターや返金システムは欠くことのできないものなのです。

付録 3-2

防犯対策と監視カメラ

コインランドリーは基本的に無人ですから、犯罪には細心の注意を払う必要があります。多いのが、両替機を壊されて現金を奪われることです。洗濯機や乾燥機の中にあるのはコインですから、まず狙われませんが、両替機には千円札だけでなく1万円札が入っている可能性もあるので狙われやすいのです。被害は現金だけではありません。両替機を壊されることも痛手です。交換費用と時間が無駄になってしまいます。お客さんに対する盗難や強盗などの犯罪も考えられます。さらに機械にいたずらをされたり、壊されたりすることもあります。犯罪が多発するようでは、顧客の大半である女性は来なくなります。

それより多いのが、洗ってはいけないものを利用者が洗濯機に入れてしまい、機械が故障してしまうようなトラブルです。また深夜に若者がたむろする事態も考えられます。中にはホームレスの人が住み着いてしまった例もあるのです。24時間営業にすると、こういったトラブルが起こりやすくなります。

これを防ぐのが「監視カメラ」です。24時間営業でなくても監視カメラは必須です。カメラがあれば、まず、犯罪への大きな抑止力になります。一台だけでなく数台は設置するようにし

利用者の安心のために

ましょう。自治体によっては、犯罪抑止の観点から監視カメラの設置を奨励し、補助金を出してくれるところもありますから、問い合わせましょう。

警備会社と契約して、何かあったらすぐに駆けつけてもらえるシステムに加入することも大切です。警備会社のステッカーが貼ってあるだけでも犯罪やいたずらの抑止力になるのです。こういった費用をケチると大きな後悔をすることになりかねません。保険にも入っておきましょう。若者のたむろは、難しい問題です。これが続くと主婦の足が遠のき、売り上げが減少し、最悪、閉店に追い込まれるケースもあるのです。事態が悪化しないうちに、監視カメラの記録映像などを持って警察に相談しておきましょう。

付録
3-3

オーナー会

経営者は孤独です。人に相談できないことが多く、重大な決断を一人でしなくてはなりません。そしてその結果に対して全責任を負わなくてはならないのです。日々の売り上げに一喜一憂し、精神状態が不安定になることもあるのです。そんな精神状態ではとても愛される店づくりなどできません。そんなときに心の支えになってくれるのが、オーナーたちの集まりです。オーナーたちは、同じ境遇にあるので、初対面であっても少し話せば急速に親近感が持てるようになるといいます。

またコインランドリーの場合、加盟店同士は、競合関係や利害関係がないので、まるで同じ趣味を持つサークル仲間のようになれるのです。ここで、互いに悩みを打ち明け、聞き合うことで、オーナーたちの疲れた精神が癒やされるというわけです。

精神の癒やしだけではありません。オーナー会では、有益な情報が飛び交います。「コルクボードで掲示板を作って情報交換の場を作ったら、すごく評判がよかった」「うちはウォーターサーバーを置いたら利用者が増えた」「利用者が少ない時間帯は、一部の機械の料金を安くしてるんだが、それが口コミで広がって」など、オーナーたちの実践的なアイデアを聞くこと

オーナー会

もでき、自分のアイデアを聞いてもらい、他の人に役立てることもできるのです。

また、コインランドリーは、ほとんどのオーナーにとって副業ですから、彼らは他に本業を持っています。それで「実はクルマを買い替えようと思ってるんだが」「エエッ、私、本業はクルマのセールスですよ！」といった具合に、つながりができることも多いのです。

そして最後は、「みんな頑張ってるんだ。オレも頑張ろう！」とほろ酔い加減で、意欲を新たにするのです。オーナー会は、新たな活力を生み出す源泉ともなるのです。このようなオーナー会を定期的に開いているフランチャイズもあります。一人で悩まずに、こういった会に参加してみるのも有意義なことでしょう。

付録 3-4

消耗品へのこだわり

洗剤などの消耗品にこだわりを持つのも愛されるお店づくりの役に立ちます。たとえば、アトピー性皮膚炎という病気があります。小学生に発症率が高く皮膚がかゆくてたまらなくなる病気です。この患者は合成洗剤によって症状が悪化するのです。合成洗剤で洗濯するとわずかであっても衣類に残ってしまいます。それが原因になるのです。実は、アトピー性皮膚炎と診断されなくても、合成洗剤によって皮膚の炎症が起こる人も多いのです。

この症状を緩和するには、合成洗剤を使わなければいいのです。コインランドリーで使用する洗剤を天然素材にすれば、アトピー性皮膚炎の患者にとっては朗報になるでしょう。当然、アトピー性皮膚炎の子供を持つ母親にとっても喜ばしいことになるでしょう。

電子マネーの導入も利用者にとって利益になります。使っている人はお分かりだと思いますが、一度使ってしまうと、財布を出して、その中から小銭を出して投入し、さらに財布をしまうという作業が、とても煩雑で無駄なことに思えるようになるのです。「ピッ」と一瞬ですべてが終わる電子マネーは、これからも、どんどん広がっていくでしょう。

また、主婦が大好きなのが「ポイントカード」です。ポイントが貯まることで、単に金銭的に

電子マネーは荷物の多い利用者にとって嬉しい

得をする以上に、快感を覚えるのです。ポイントカードを作る際にはメールアドレスなどの情報が得られ、店側にとって重要なデータになります。コインランドリーは、顧客がどういう人であるか、基本的には何もわかりません。ポイントカードは顧客リストとなる情報を提供してくれるのですから、そのメリットは計り知れません。アンケートに答えてもらえば、お店づくりの指針ともなります。

とにかくあなたがオーナーなのですから、利用者の得になると思えることはやってみましょう。その結果、不評であれば、やめればいいのです。加盟店からのアイデアが、本部に評価され、それを他の加盟店へフィードバックすることも決して稀ではありません。

まとめ

愛される店にするには

クレーム処理は、コールセンターの
クレーム処理専門のスタッフに任せるのがいい。
遠隔操作の返金システムは
クレームを迅速に解決できる。

コインランドリーでの犯罪や迷惑行為を抑止するには
監視カメラや警備システムが有効。
何かあったときにも証拠として役に立つ。

オーナー会は、
互いに励まし合うという精神的な意味も、
実践的な情報交換という実利的な意味もある。

その他にも……
アトピー性皮膚炎患者のために
天然素材の洗剤を用意する。
電子マネーを導入する、
ポイントカードを導入する……など、
さまざまなアイデアが考えられる。

プロフィール

著／**三原　淳**（みはら じゅん）

株式会社 mammaciao 代表取締役

1967 年、東京生まれ。専修大学経営学部卒業後、ファイザー製薬にMR として入社。その後、大手スーパー、OA 機器販売会社、印刷会社の営業を経て、業務用洗濯機輸入商社に入社。退社後、米国の大手洗濯機メーカーのデクスター社と日本における独占販売契約を結び、2000年に株式会社エムアイエス（現·株式会社mammaciao）を設立、代表取締役に就任。環境配慮型エコランドリー「mammaciao（マンマチャオ）」の FC 展開を始める。

2017 年 4 月現在、全国に 331 店舗以上を出店、さらにいずれも業界初となる「トラブル受付コールセンター」「ネット遠隔操作返金システム」、さらには電子マネー（Suica · Edy · WAON · nanaco 等）が利用可能な「電子マネーランドリー」を開発した。著書に『知っている人だけが儲かる コインランドリー投資のすすめ』（幻冬舎）などがある。

マンガ原作／**夏　緑**（なつ みどり）

京都大学大学院理学研究科博士課程修了。代表作に『火山列島・日本で生きぬくための 30 章』『子どものための防災 BOOK － 72 時間生きぬくための 101 の方法－』『遺伝子・ＤＮＡのすべて』（すべて童心社）、『ぼくのかわいい病原体』（中外医学社）、『免疫学がわかる』（技術評論社）、『これだけ！ iPS 細胞』（秀和システム）など。『獣医ドリトル』（小学館）はＴＶドラマ化された。

作画／**たなかしえ**

山口県出身。「ビジネスジャンプ」（集英社）にてデビュー後、同誌で連載。小説のカバーイラストも手掛け、イラストレーターとしても活躍。専門学校にてマンガ学科講師としても活動し、現役マンガ家ならではの最先端の指導を行う。好きな食べ物は明太子。

マンガで学ぶはじめてのコインランドリー投資

2017年5月25日　第1刷発行

著　　者　三原 淳
マンガ原作　夏 緑
作　　画　たなかしえ
発 行 者　見城 徹
発 行 所　株式会社 幻冬舎
〒151-0051
東京都渋谷区千駄ヶ谷4-9-7
電話：03（5411）6211（編集）
03（5411）6222（営業）
振替：00120-8-767643

印刷・製本所：中央精版印刷株式会社　　検印廃止

ISBN978-4-344-03122-7　C0095　　Printed in Japan

●幻冬舎ホームページアドレス　http://www.gentosha.co.jp/
●この本に関するご意見・ご感想をメールでお寄せいただく場合は、
comment@gentosha.co.jpまで。